Wir feiern durch das Jahr

Christine Willers-Vellguth

Wir feiern durch das Jahr

25 Kindergottesdienste für 3- bis 6-Jährige

Mit Liedanhang

Matthias-Grünewald-Verlag · Mainz

Der Matthias-Grünewald-Verlag ist Mitglied
der Verlagsgruppe engagement

Ein Titeldatensatz für diese Publikation ist bei
Der Deutschen Bibliothek erhältlich

Umschlagfoto: Gerti Burbeck, Mönchengladbach
Umschlaggestaltung: Harald Schneider-Reckels & Iris Momtahen
Druck und Bindung: Fuldaer Verlagsagentur

ISBN 3-7867-2392-3

Inhalt

Vorwort **7**

Januar   Die Sterndeuter folgen dem Stern **9**

Januar   Wieder glücklich werden **13**

Februar (Karneval/
Fasching/Fastnacht)   Ich habe Freude zu verschenken **17**

März   Immer wieder wird es Frühling **21**

März (Ostern)   Ein Licht erscheint **24**

April   Wir sind zum Tisch eingeladen **28**

April   Gib uns Ohren, die hören **32**

Mai   Von Löwenzahn und Pusteblumen **36**

Mai (Pfingsten)   Zu Pfingsten in Jerusalem **40**

Juni   Ich schenk dir einen Sonnenstrahl **43**

Juni   Fühlen, was gut tut **47**

Juli   Wie viele Farben hat die Welt? **51**

Juli   Du gabst mir Augen, dass ich dich sehen kann **54**

 August   Etwas Neues beginnt **59**

 August (Kräuterweihe)   Kräuter als Zeichen des Heils **63**

 September   Gut, dass wir verschieden sind **67**

 September   Das Wunder der Sonnenblume **72**

 Oktober (Franziskus)   Franziskus singt ein Lied **77**

 Oktober (Erntedank)   Alles muss klein beginnen **81**

 November   Ich habe Angst – ich werde getröstet **85**

 November (St. Martin)   St. Martin **89**

 Dezember (Advent)   Bald schon ist Weihnachten **93**

 Dezember (St. Nikolaus) Bischof Nikolaus **97**

 Dezember (Advent)   Das Kleine wird groß **101**

 Dezember (Advent)   Heute leuchten alle Sterne **106**

Lieder **110**

Vorwort

Einen neuen Frühling erleben viele Gemeinden, die regelmäßig Kindergottesdienste für 3- bis 6-Jährige anbieten. Plötzlich tauchen junge Familien in den Räumen der Pfarrei auf, zu denen der Beziehungsfaden der Kirche längst abgerissen schien. Mit einer großen Offenheit sind diese jungen Eltern bereit, sich mit ihren Kindern auf liturgische Angebote einzulassen. Und in vielen Gemeinden entsteht so ein wertvolles neues Beziehungsnetz.

Oft sind Eltern bereit, die Kindergottesdienste (mit)vorzubereiten und kreativ zu gestalten. Die 25 Gottesdienstentwürfe, die in diesem Buch vorgestellt werden, wollen bei der Vorbereitung Ideengeber sein und mit komplett ausgearbeiteten Praxisvorschlägen helfen, ansprechende Kindergottesdienste im gesamten Jahreskreis zu feiern.

Wichtig ist mir bei den Liturgievorschlägen, dass sie in ihrer Struktur und inhaltlichen Gestaltung leicht nachvollziehbar sind. Gerade schlichte, wiederkehrende liturgische Formen eignen sich, um die Meditationsfähigkeit der Kinder zu fördern und sie an die Liturgie heranzuführen. Hilfreich ist es, wenn eine Gemeinde bestimmte Elemente festlegt, die in jeder Gottesdienstfeier mit den Kleinen aufgegriffen werden: Das festliche Decken eines Tischs mit einem Tischtuch, das Entzünden einer Kerze, das Aufstellen eines Blumenschmucks, bekannte Gebete und Lieder. Solche wiederkehrenden Elemente lassen die Kinder mit „ihrer" Liturgie vertraut werden und helfen ihnen, sich im Gottesdienst zu beheimaten.

Die inhaltliche Gestaltung der vorliegenden Gottesdienstentwürfe korrespondiert mit der schlichten äußeren Struktur und berücksichtigt, dass in der Regel auch zahlreiche Kinder mit geringer religiöser Sozialisation an den Kindergottesdiensten teilnehmen. Es wäre eine Überforderung, bei diesen Kindern ein anfanghaftes Glaubenswissen vorauszusetzen.

Umso wichtiger ist angesichts dieser Situation der erlebnisorientierte Charakter dieser Liturgieentwürfe. Ziel ist es, dass die Kinder im Rahmen des Gottesdienstes angeregt werden, Glaubenserfahrungen zu machen und sich dieser Erfahrungen bewusst zu werden. Es braucht keinen theologischen „Überbau", um den liturgischen Raum für existentielle religiöse Erfahrungen zu gestalten. Meist setzen solche frühkindlichen Glaubenserfahrungen im Kleinen an, und gerade symboldidaktische Ansätze ermöglichen es den Kindern, das „Mehr" des Glaubens zu erahnen. Tief bewegt erleben sie, wie ein dunkler Raum von vielen kleinen Kerzen in ein warmes Licht getaucht wird. Fasziniert verfolgen sie, dass aus einem kleinen Samenkorn eine große Pflanze wächst. Und mit großer Offenheit nehmen sie auf, dass Wasser Leben spendet.

Die Gottesdienste sind als eigenständige Gottesdienste konzipiert. In manchen Gemeinden werden für die Kinder getrennte Wortgottesdienste parallel zum Gemeindegottesdienst gefeiert. Die Kinder kommen dann zur Gabenbereitung wieder in den Gemeindegottesdienst zurück. In diesem Fall verkürzt man die Vorschläge um die letzten Gebete wie „Vaterunser", „Gebet" und „Segen".

Zahlreiche Lieder sind unter der jeweiligen Liednummer im Anhang abgedruckt. Andere Lieder, die in den Liturgieentwürfen vorgeschlagen werden, finden sich im „Liederbuch zum Umhängen" (= U) aus dem Menschenkinder Verlag, 48157 Münster, oder im Liederbuch „Troubadour für Gott" (= Tr), hg. vom Kolping-Bildungswerk, Diözesanverband Würzburg, Sedanstr. 25, 97082 Würzburg (Nummern ab 6. Aufl. 1999).

Ich wünsche mir, dass dieses Buch mit Liturgie-Entwürfen viele Mütter und Väter ermutigt, selbst Kindergottesdienste vorzubereiten. Sie werden erleben, dass ihre Bemühungen von der Freude und Begeisterung der Kinder belohnt werden.

Christine Willers-Vellguth

Die Sterndeuter folgen dem Stern

Vorüberlegungen

In nahezu allen Gemeinden im deutschsprachigen Raum ziehen die Sternsinger im Namen des Kindermissionswerkes oder angeregt durch „missio" von Haustür zu Haustür. Zu diesem Gottesdienst wird eine Gruppe der Sternsinger eingeladen. Sie werden gebeten, ein kurzes Anspiel für die Kinder zu halten. Darin bringen sie den Kindern nahe, warum die Sterndeuter damals dem Stern gefolgt sind. Die Kinder schließen sich in einer Prozession der Gruppe an und werden so selbst zu „Sternsingern".

Materialien

- Krippenfiguren wie Maria, Josef, das Kind in der Krippe, Hirten, Schafe
- Stall
- Für jedes Kind einen Stern aus Tonpapier

Lied

Wir feiern heut ein Fest (Tr 1047)

Kreuzzeichen

Gebet

Guter Gott,
das Weihnachtsfest liegt jetzt hinter uns.
Wir haben alle schön gefeiert
und uns an den Geburtstag von Jesus erinnert.
Bei den meisten von uns steht noch zu Hause die Krippe
mit Maria und Josef und dem kleinen Kind Jesus.
Davor stehen die Hirten mit ihren Schafen.
Wir danken dir,
dass wir ein schönes Weihnachtsfest erleben durften.
Amen.

Einleitung

Auf einem kleinen Tisch steht der Stall.

Gl.: Was könnte das wohl sein?

Gl. erarbeitet im Gespräch mit den Kindern, welche Personen zu diesem Stall dazugehören. Die Kinder stellen Maria und Josef, das Kind in der Krippe, die Hirten und die Schafe auf.

Die Hirten sind zum Stall gelaufen, sie wollten das neugeborene Kind sehen. Aber es haben sich auch noch andere Menschen auf den Weg gemacht, um Jesus zu begrüßen.

Kinder: Die Heiligen Drei Könige.

Gl.: Ja, die Heiligen Drei Könige. Sie kamen von ganz weit her aus einem anderen Land. Es waren sehr kluge Männer: Sie beobachteten nämlich ganz genau die Sterne. Sie waren Sterndeuter. Und eines Tages, da geschah etwas Besonderes:

Anspiel

Sternsinger treten auf.

1. Sterndeuter: Oh, seht mal, das habe ich noch nie gesehen! Da, da oben. *Zeigt mit dem Finger auf den Stern, der von dem/der SternträgerIn hochgehalten wird.*

2. Sterndeuter: Ja, seht einmal! Was für ein heller, großer Stern!

3. Sterndeuter: So einen schönen Stern habe ich noch nie gesehen! Was das wohl bedeuten mag?

1. Sterndeuter: Es bedeutet sicher etwas Besonderes. Haben uns unsere Väter nicht erzählt, dass so ein heller Stern immer die Geburt von einem besonderen Menschen ankündigt?

2. Sterndeuter: Ja, stimmt, du hast Recht. Ich erinnere mich jetzt auch. Wenn so ein Stern am Himmel erscheint, dann erzählt er, dass ein neuer König geboren worden ist.

3. Sterndeuter: Ein neuer König! Ja, kommt! Dann lasst uns aufbrechen! Wir wollen ihn begrüßen, den neuen König!

1. Sterndeuter: Wir werden Geschenke mitnehmen – kostbare Geschenke.

Gl.: Und so machten sich die drei klugen Männer auf den Weg.

Sternsinger gehen hinter dem Sternträger/der Sternträgerin her.

Sie nahmen kostbare Geschenke mit – Gold, Weihrauch und Myrrhe. – Was haltet ihr davon – sollen wir vielleicht auch dem Stern hinterhergehen?

Kinder reihen sich hinter den Sternsingern auf und ziehen hinter ihnen her.

Lied

Und so gehen wir ihm alle hinterher (U 86)

Anspiel

Gl.: Sie folgten dem Stern viele Tage und Wochen lang, denn sie kamen ja aus einem anderen Land. Wahrscheinlich hatten sie Kamele mit dabei, weil sie gar nicht so weit laufen konnten.

1. Sterndeuter: Ich bin so gespannt auf den kleinen König!

2. Sterndeuter: Ja, wo er wohl wohnt? Bestimmt in einem großen Palast!

3. Sterndeuter: Der Stern wird uns den richtigen Weg zeigen.

Gl.: Dann – sie waren schon sehr lange unterwegs – blieb der Stern plötzlich stehen.
SternträgerIn stellt sich an der Krippe auf.

1. Sterndeuter: Ob wir da sind?

2. Sterndeuter: Aber hier wohnt doch kein König – das ist doch ein Stall!

3. Sterndeuter: Lasst uns trotzdem einmal hineinschauen.

Gl.: Sie öffneten die Tür und sahen das Kind in der Krippe. Maria und Josef waren bei ihm. Und da verstanden sie plötzlich etwas:

1. Sterndeuter: Du bist nicht ein König, der in Reichtum lebt.

2. Sterndeuter: Du machst dich klein für alle Menschen.

3. Sterndeuter: Wer einmal groß sein will, muss sich zuerst ganz klein machen.

Gl.: Und sie knieten sich vor dem Kind nieder und gaben ihm ihre Geschenke.

Lied

Ein heller Stern hat in der Nacht (U 20)

Fürbitten

Guter Gott,
wir bringen dir unsere Bitten:

- Der Stern hat die weisen Männer zum Stall geführt. Lass uns wachsam sein, dass auch wir die Zeichen erkennen, die zu dir führen.
- Obwohl der Weg sehr weit war, haben die Sterndeuter nicht aufgegeben und sind bis nach Bethlehem gekommen. Gib auch uns ein solches Vertrauen zu dir.
- Auch heute ziehen die Sternsinger durch unsere Gemeinde und erzählen von der guten Nachricht, dass Jesus zur Welt gekommen ist. Lass auch uns wie Sternsinger sein und von dir erzählen.
- Wir bitten für unsere Sternsinger, dass sie gut an den Türen unserer Gemeinde aufgenommen werden.

Guter Gott, führe du uns auf unserem Weg, so wie du die Sternsinger zu dir gelei-
tet hast.
Amen.

Vaterunser

Gebet
Guter Gott,
wir sind mit den Sternsingern bis zur Krippe gegangen.
Sie haben einen sehr weiten Weg bis zu dir zurückgelegt.
Aber sie sind belohnt worden.
Sie haben erfahren,
dass ein König nicht immer in einem Palast wohnen muss,
sondern dass auch im Kleinen etwas ganz Großes versteckt sein kann.
Voll Freude sind sie nach Hause zurückgekehrt
und haben allen Menschen davon erzählt.
Lass auch uns gleich voll Freude in unsere Häuser zurückkehren
und anderen Menschen davon erzählen.
Amen.

Segen

Lied
Tragt in die Welt nun ein Licht (U 85)

Aktion
Jedes Kind erhält einen Stern, der es an diesen Gottesdienst erinnern soll oder
den es weiterverschenken kann.

Im Januar

Wieder glücklich werden

Vorüberlegungen

Trauer und Glück liegen gerade für Kinder ganz nah zusammen und begleiten sie ständig in ihrem Alltag. Jedes Kind kann sich mit einem weinenden bzw. mit einem lachenden Kind identifizieren. Die Geschichte von der Heilung des Gelähmten wird in diesem Gottesdienst unter dem Aspekt „Traurig sein – glücklich sein" beleuchtet.

Die biblische Geschichte fasziniert die Kinder unter anderem deshalb, weil die Freunde des Gelähmten auf so unkonventionellem Wege zu Jesus vorstoßen und einfach das Dach des Hauses abdecken. Es bietet sich an, die Geschichte regelrecht nachzubauen. (Duplo-Steine und -Figuren eignen sich hier besonders gut.)

Materialien

● Schwarzes Tuch
● Gelbes Tuch
● Duplo-Steine und -Figuren
● Zwei größere Fotos von einem traurigen bzw. einem glücklichen Kind (oft in Zeitschriften zu finden)
● Trage (z.B. aus Duplo-Krankenwagen)
● Wollfäden

Lied

Gottes Liebe ist so wunderbar (U 32)

Kreuzzeichen

Gebet

Guter Gott,
ich bin nicht gerne allein.
Deshalb komme ich auch gerne in die Kirche,
denn hier sind immer viele andere Menschen.
Heute sind besonders viele Kinder mit ihren Eltern da.
Wir sitzen im Kreis und schauen uns an.

Manche Kinder schauen fröhlich und sind gut ausgeschlafen,
andere sind noch etwas müde heute Morgen.
Wir alle gehören hier zusammen.
Amen.

Betrachtung

Gl. legt das schwarze Tuch in die Mitte und fordert die Kinder auf, zu der Farbe Assoziationen zu äußern.
Gl.: Woran denkt ihr, wenn ihr das schwarze Tuch seht? Was könnte es bedeuten? Wie fühlt ihr euch, wenn ihr das Tuch anschaut? usw.
Kinder: Traurig sein, Dunkelheit, Angst haben …
Gl. legt ein Bild mit einem traurigen Kind auf das Tuch.
Gl.: Warum könnte das Kind traurig sein? – Wann seid ihr schon einmal traurig gewesen?
Gl. fordert ein Kind auf, ein trauriges Kind pantomimisch darzustellen.
Was könnten wir jetzt machen?
Andere Kinder „trösten" das Kind.
Gl. legt das gelbe Tuch in die Mitte.
Woran erinnert euch das?
Kinder: Fröhlich sein, Helligkeit, Sonne, sich wohl fühlen …
Gl. legt ein Bild mit einem fröhlichen Kind auf das Tuch.
Gl.: Seid ihr heute schon fröhlich gewesen? Worüber habt ihr euch gefreut? Lasst uns doch jetzt einmal alle zusammen laut lachen!

Lied

Gott ist mitten unter uns (U 35)

Biblischer Text

Wir haben eben darüber nachgedacht, wie es ist, wenn wir traurig oder wenn wir glücklich sind. In der Bibel steht eine Geschichte von einem Mann, der auch sehr, sehr traurig war. Er war nämlich gelähmt. *(An dieser Stelle den Zustand des Gelähmt-Seins erklären.)*
(Vorbereitetes Duplo-Haus mit Flachdach in die Mitte stellen. Die eine Seite des Hauses sollte offen sei, sodass man hineinschauen kann. Das Haus ist mit Männchen voll gestellt.)
„Eines Tages saßen viele Menschen in einem Haus zusammen und hörten Jesus zu. Sie waren alle von weit her gekommen, um Jesus zu sehen und zu hören. Er hat sogar Menschen geheilt, erzählten sie sich.
Während Jesus zu den Menschen redete, kamen Männer und brachten einen gelähmten Mann auf einer Trage.

(Hier eignet sich ein Bett oder eine Trage aus einem Duplo-Krankenwagen.)
Sie wollten ihn ins Haus bringen und vor Jesus hinlegen. Weil sie aber durch die vielen Menschen nicht hindurchkommen konnten, stiegen sie auf das Dach und deckten die Ziegel ab.
Dann ließen sie den Mann auf seiner Trage in die Mitte des Raumes hinunter, genau vor Jesus hin.
(An die Trage mehrere Wollfäden binden und sie so hinunterlassen.)
Als Jesus sah, wie sehr die Männer an ihn glaubten, sagte er zu dem kranken Mann: Ich sage dir: Steh auf, nimm deine Trage und geh nach Hause!
Da stand der Mann vor allen auf und nahm seine Trage, auf der er gelegen hatte. Er lobte und pries Gott und ging nach Hause.
Da waren alle sehr erstaunt, sie lobten Gott und sagten: Heute haben wir etwas Unglaubliches gesehen."

Nach Lk 5,17–26

Gespräch
Gl. stellt im Gespräch mit den Kindern den Zusammenhang her zwischen der biblischen Geschichte und dem traurigen bzw. lachenden Kind.

Fürbitten
Guter Gott,
wir wissen, dass wir dir alles sagen können:

- Manchmal sind wir traurig: wenn wir uns wehgetan haben, wenn wir uns mit unserem Freund oder unserer Freundin gestritten haben oder wenn wir krank sind. Wir bitten dich, dass dann jemand da ist, der uns tröstet.
- Wenn andere Menschen traurig sind, können wir versuchen sie aufzumuntern, dass sie wieder glücklich werden und wieder lachen können.
- Der Gelähmte in der Geschichte ist durch Jesus wieder gesund und glücklich geworden. Hilf uns, dass auch wir so auf dein Wort hören, dass es uns glücklich machen kann.
- Menschen, die krank sind, brauchen besonders viel Zuwendung. Hilf uns, daran zu denken, dass wir sie besuchen oder ihnen eine andere Freude bereiten.

Du hast unsere Bitten gehört. Schenk uns deine Kraft, viel Freude zu bereiten.
Amen.

Vaterunser

Gebet
Guter Gott,
wir haben schlechte und gute Tage.
Manchmal sind wir traurig und dann sind wir wieder froh.
Wir brauchen andere Menschen,
die uns Mut machen und uns wieder glücklich machen.
Oft können aber auch wir selbst andere wieder zum Lachen bringen.
Wir danken dir, dass du immer bei uns bist.
Amen.

Segen

Lied
Das wünsch ich sehr (U 10)

Im Februar (Karneval/Fasching/Fastnacht)

Ich habe Freude zu verschenken

Vorüberlegungen

In nicht allen Regionen wird Karneval ausgiebig gefeiert. Wo es jedoch Brauch ist, ist es für die Kinder etwas ganz Besonderes, mit ihren Kostümen in die Kirche oder in den Gottesdienstraum kommen zu dürfen. Bedeutet es doch, dass gerade auch der Spaß und die Freude einen Platz im Gemeindeleben haben. So sollten zu diesem Gottesdienst die Kinder mit ihren Karnevalskostümen eingeladen werden. Entsprechend dem Anlass kann der Gottesdienstraum mit vielen Luftballons geschmückt werden.

Das Anspiel sollte nicht von Gl. gespielt werden, sondern von einer anderen Person.

Materialien

- Viele Luftballons
- Trommel
- Flöte
- Gitarre
- Zimbeln

Lied

Gottes Liebe ist so wunderbar (U 32)

Kreuzzeichen

Gebet

Guter Gott,
wir sind heute Morgen wieder hier zusammengekommen.
Heute ist ein besonderer Gottesdienst.
Alle Kinder sehen ganz verändert aus:
Wir haben unsere Karnevalskostüme angezogen.
Erkennen wir uns überhaupt noch wieder?

Wir freuen uns,
dass wir auch mit unseren Verkleidungen in die Kirche kommen dürfen.
Amen.

Anspiel

Traurige Frau (oder trauriger Mann) tritt auf – schaut verwundert in die Runde der kostümierten Kinder.

Frau: Was ist denn hier los? Wie seht es denn hier aus? Wie seht ihr denn alle aus?

Kinder antworten: Es ist Karneval! Wir haben uns verkleidet. Wir haben Kostüme an!

Frau: Karneval? Was ist das?

Kinder: An Karneval verkleiden wir uns alle.

Frau: Ja, das sehe ich. Als was habt ihr euch denn verkleidet?

Die einzelnen Kostüme der Kinder werden vorgestellt.

Frau: Schön sind eure Kostüme. Aber eines verstehe ich nicht. Warum verkleidet ihr euch denn?

Kinder: Das macht man an Karneval so. Weil es Spaß macht. Wir finden es lustig. Es macht Freude.

Frau: Hm, ihr verkleidet euch, damit ihr Freude habt? Ich glaube, langsam kann ich das verstehen. Wenn ich euch so hier sehe, dann kann ich mich auch daran freuen. Als ich eben hierher gekommen bin, war ich gar nicht glücklich, ich war sogar sehr, sehr traurig. Aber jetzt, jetzt geht es mir schon viel besser. Ich glaube, eure Freude ist richtig ansteckend!

Lied

Dass Gott sich daran freut (Nr. 3)

Katechese

Gl.: Das ist aber schön, da haben wir der Frau ja eine richtige Freude bereitet! Warum hat sie sich denn eigentlich gefreut?

Kinder: Sie hat Spaß an unseren Kostümen. Wir sehen so lustig aus.

Gl.: Da ist ja etwas Schönes passiert! Die Frau war traurig und jetzt ist sie glücklich. Sie ist froh geworden, nur weil wir uns freuen! – Was macht ihr denn, wenn ihr euch freut? Wie sieht das aus?

Kinder zeigen, wie sie lachen können.

Und was macht man manchmal auch noch, wenn man sich freut?

Kinder: Singen, tanzen, klatschen …

Biblischer Text

In der Bibel gibt es einen sehr alten Text, in dem erzählt wird, wie sich die Menschen über Gott gefreut haben.

„Halleluja!
Lobt Gott mit Pauken und Tanz,
lobt ihn mit Flöten und Gitarren!
Lobt ihn mit klingenden Zimbeln!
Halleluja!"

Ps 150,1a.4.5b.6b

So, wie es in dem Text der Bibel heißt, wollen wir das jetzt auch tun: Wir haben die einzelnen Instrumente hier und wollen zu dem nächsten Lied tanzen.

Die Instrumente werden an einzelne Kinder verteilt, die übrigen Kinder stellen sich im Kreis auf.

Lied

Gott ist mitten unter uns (U 35)

Fürbitten

Guter Gott,
wir bringen unsere Bitten zu dir:

- Es macht Spaß, sich an Karneval zu verkleiden. Gib, dass sich an unserer Freude auch andere Menschen erfreuen.
- Wir können andere Menschen mit unserer Verkleidung zum Lachen bringen. Lass uns dadurch die Welt fröhlicher machen.
- Freude zu verschenken, das können wir nicht nur an Karneval. Auch sonst können wir mit unserer guten Laune andere Menschen anstecken.
- Manchmal sind wir selber sehr traurig oder schlecht gelaunt. Gib uns dann Menschen, die mit uns lachen können und für uns da sind.
- Es gibt viele Menschen, die sind traurig und allein. Lass uns immer wieder an sie denken und ihnen eine Freude machen.

Schenke uns die innere Freude, mit der wir auch andere glücklich machen können.
Amen.

Vaterunser

Gebet

Guter Gott,
wir danken dir für die Freude in uns,
die uns glücklich macht.
Lass uns die Möglichkeiten erspüren,
wo wir mit unserer Freude andere Menschen anstecken können.
Amen.

Luftballons verteilen

Zum Abschluss bekommt jedes Kind einen Luftballon mit der Aufforderung, ihn als Freudensymbol jemandem zu schenken.

Segen

Lied

Wir singen alle Hallelu (U 98)

Immer wieder wird es Frühling

Vorüberlegungen

Kinder sind oftmals ganz erstaunt, dass sich der Jahreskreislauf unentwegt fortsetzt. Dieser Gottesdienst will die Kinder dafür sensibel machen, dass auf jede Jahreszeit wieder eine neue folgt.

Obwohl das Lied „Immer wieder kommt ein neuer Frühling" von Rolf Zuckowski wahrscheinlich den meisten Kindern und Eltern bekannt sein wird, sollte es doch zu Beginn einmal angesungen werden. Eventuell können auch schon verschiedene Kinder bestimmt werden, die während der Strophen die einzelnen Rollen übernehmen.

Materialien

- Ein langes Seil (um einen großen Kreis zu legen)
- Zwei kürzere Seile
- Für jede der vier Jahreszeiten entsprechende Symbole (z.B. ein Strauß Tulpen, Sonnenkappe und Sonnenmilch, Drachen, gebastelter Schneemann)

Lied

Du hast uns deine Welt geschenkt (U 14)

Kreuzzeichen

Gebet

Guter Gott,
wir sind heute Morgen hier wieder zusammengekommen.
Heute wird ein schöner Tag:
Die Sonne scheint
und überall können wir die ersten Blumen sehen.
Auf unserem Weg zur Kirche
wachsen viele Krokusse und Tulpen.
Das sieht sehr schön aus
und wir freuen uns darüber.
Amen.

Hinführung

Gl. legt in die Mitte auf den Boden mit Hilfe des Seiles einen Kreis.
Die Kinder äußern Assoziationen dazu. (Kreis, Erde, Ball ...)
Gl. teilt mit zwei weiteren Seilen den Kreis in vier Teile auf.
Wieder äußern die Kinder Assoziationen.
Gl. stellt in ein Viertel des Kreises einen Strauß Tulpen. (Assoziationen der Kinder: Blumen, Frühlingsblumen ...)
(Wenn die Kinder zu dem Zeitpunkt noch nicht erkennen, dass dieses Feld die Jahreszeit „Frühling" symbolisiert, sollte Gl. nicht unbedingt darauf hinweisen. Die Kinder werden es später selber erkennen.)
In das Feld neben dem „Frühling" legt Gl. einen gebastelten Schneemann aus Watte. Gl. greift jeweils die Kommentare der Kinder auf.
In das Sommerfeld wird eine Sonnenkappe und Sonnenmilch gelegt, in das Herbstfeld ein Drachen.
Gl. beschreibt im Gespräch mit den Kindern den Jahreskreislauf. Er/Sie stellt heraus, dass es keinen Anfang und kein Ende gibt. Unweigerlich folgt eine Jahreszeit auf die andere. Selbst wenn der Winter noch so lang und kalt ist, wissen wir doch, dass der Frühling kommt.

Lied

Immer wieder kommt ein neuer Frühling (Nr. 10)

In einem zweiten Durchgang kann das Lied sehr schön szenisch dargestellt werden. Ein Kind oder mehrere Kinder spielen während der entsprechenden Strophe einen Krokus, ein Häschen und eine Meise. Erfahrungsgemäß bereitet das den Kindern großes Vergnügen.

Biblischer Text

Wir haben eben bei unserem Bild gesehen, dass sich die Jahreszeiten immer wiederholen. Nach jedem Winter kommt der Frühling, dann der Sommer, der Herbst, der Winter und dann wieder der Frühling und so weiter. Niemals hört es auf.
In der Bibel gibt es einen Text, in dem hat Gott den Menschen versprochen, dass es immer so bleibt:

„Solange die Erde besteht, sollen nicht aufhören Aussaat und Ernte, Kälte und Hitze, Sommer und Winter, Tag und Nacht."

Gen 8, 22

Lied

Solange die Sonne steht (Nr. 13)

Fürbitten

Guter Gott,
wir kommen zu dir mit unseren Bitten:

- Die Natur hat sich verändert: Die ersten Blumen blühen, die Sonne scheint öfter und die Vögel singen wieder. Doch oftmals bemerken wir es gar nicht. Öffne unsere Augen und Ohren, die ersten Frühlingsboten zu erkennen.
- Wenn es draußen wieder wärmer wird und wir öfter im Freien spielen können, freuen wir uns alle. Lass uns mit dieser Freude andere Menschen anstecken.
- Frühling, Sommer, Herbst und Winter, die Jahreszeiten wiederholen sich immer wieder. Lass uns darüber immer wieder Freude empfinden, denn jede Jahreszeit hat ihre besondere Schönheit.
- Du hast uns deine Welt geschenkt. Leider kommt es immer wieder vor, dass wir nicht sorgsam mit ihr umgehen. Hilf uns, dass wir diese Erde beschützen.

Guter Gott, wir haben dir unsere Bitten gesagt. Wir bitten dich, sie zu erhören.
Amen.

Vaterunser

Gebet

Guter Gott,
du hast uns diese Erde
mit ihren verschiedenen Jahreszeiten geschenkt:
Frühling, Sommer, Herbst und Winter.
Wir können darauf vertrauen,
dass alles immer wieder von vorne beginnt.
Darüber sind wir sehr froh.
Wir danken dir.
Amen.

Segen

Lied

Immer wieder kommt ein neuer Frühling (Nr. 10)

Ein Licht erscheint

Vorüberlegungen

In dem Gottesdienst geht es darum, die Stimmung der beiden Frauen nachzu-empfinden, die am dritten Tag morgens zum Grab eilen. Trauer und Freude wer-den durch Dunkelheit und Licht und später durch die Blumen am Wegrand ver-deutlicht.

Zur Veranschaulichung der Ostererzählung wird vor dem Gottesdienst in der Mitte auf dem Boden mit Tüchern ein Weg gelegt. An dessen Ende steht ein „Felsen-grab" aus Steinen. Der Bau des Grabes sollte vorher gut ausprobiert werden, da-mit die Steine halten. Ein Stein verschließt das Grab, er sollte während der Erzählung, möglichst unbemerkt, von einem Elternteil zur Seite gelegt werden.

Materialien

- Braune Tücher, um einen Weg zu gestalten
- Einfaches Kreuz (ohne Korpus) zum Hinlegen
- Mehrere Steine, aus denen man ein „Felsengrab" gestalten kann
- Zwei Frauenfiguren aus Holz
- Eine Flasche Körperöl
- Osterkerze
- Blumen für jedes Kind zum Schmücken des Weges

Lied

Gott ist mitten unter uns (U 35)

Kreuzzeichen

Gebet

Guter Gott,
heute Morgen sind wir hier zusammengekommen.
Draußen scheint die Sonne,
und wir sind eben an den ersten Frühlingsblumen vorbeigekommen.
Nach dem Winter zeigen sie uns wieder ihre schönen, bunten Farben.
Wir sind fröhlich heute Morgen,

denn zu Hause haben wir schon viele Ostereier gesammelt.
Heute feiern wir Ostern.
Amen.

Biblische Erzählung

Heute feiern wir Ostern. – Wer weiß denn eigentlich, was an Ostern passiert ist?
(Eventuelle Kinderantworten: Osterhase, Jesus gestorben und wieder auferstanden ...)
Wir wollen einmal versuchen nachzuspüren, was zwei Freundinnen von Jesus an
Ostern erlebt haben.
Gl. und die Kinder setzen sich in die Mitte auf den Boden um den vorbereiteten Weg
und das Felsengrab.
Gl. setzt die zwei Figuren auf den Weg.
Diese zwei Frauen heißen beide Maria. Sie sind Freundinnen von Jesus. Sie haben
viel Zeit mit Jesus verbracht, sie haben gehört, wie er von Gott erzählt hat, sie
haben mit ihm gelacht, mit ihm zusammen gesungen und gebetet. Sie haben
Jesus sehr gern, eben wie man einen guten Freund sehr gern hat. Heute Morgen
sind die Frauen jedoch sehr traurig.
Gl. stellt die Figuren an den Anfang des Weges und legt das Kreuz dazu.
Wer weiß, warum sie traurig sein könnten? – Eventuell: Woran erinnert uns das
Kreuz? ...
Ja, sie waren sehr traurig, weil Jesus, ihr guter Freund, gestorben war. Jesus war
am Kreuz von römischen Soldaten getötet worden. Am nächsten Tag ist er in ein
Grab gelegt worden. Die Gräber sahen damals anders aus als bei uns heute. Der
tote Mensch wurde in eine Felsenhöhle gelegt und dann wurde alles mit einem
Stein verschlossen.
Gl. zeigt auf das Felsengrab.
Die beiden Marias waren also ganz traurig. Es war so, als ob es ganz dunkel in
ihnen war. *(Licht wird ausgemacht.)* Sie fühlten nicht, dass die Sonne schön hell
und warm schien, dass die Vögel sangen und die Blumen blühten, sie waren nur
traurig und tief betrübt.
Gl. stellt die Frauen in die Mitte des Weges.
Am Sonntagmorgen wollen die Frauen zum Grab von Jesus gehen. Sie haben
etwas dabei.
Gl. stellt die Flasche mit Öl dazu. (Weil die Aufmerksamkeit der Kinder jetzt auf das
Öl gerichtet ist, besteht hier die Möglichkeit, den Stein vor dem Grab an die Seite
zu legen.)
Sie wollen den toten Jesus mit dem Öl einreiben. Aber wer rollt uns den schwe-
ren Stein vor dem Grab weg, so fragen sie sich. Da kommen sie am Grab an. Der
Stein ist weg! Jemand hat ihn weggerollt! Und stattdessen ist dort ein helles
Licht! *(Osterkerze wird entzündet.)* Da ist ein Engel! Er sagt zu ihnen: Habt keine

Angst! Jesus lebt! Er ist nicht hier. Er ist auferstanden. Geht und erzählt es seinen Freunden! Jesus lebt!
Die beiden Frauen schauen sich an. Sie können es gar nicht glauben. Aber sie werden wieder fröhlich – es wird wieder hell in ihnen. Sie spüren wieder, wie die Sonne scheint. *(Licht wird wieder angeschaltet.)*
Die Frauen waren so glücklich, bestimmt sind sie tanzend zu den Leuten gelaufen und haben ihnen erzählt, dass Jesus wieder lebt. Das wollen wir jetzt auch tun:

Tanzlied
Wir singen alle Hallelu (U 98)

Zu dem Lied werden die passenden Bewegungen ausgeführt.

Schmücken des Weges
Als die Frauen den Weg zurückgingen, was meint ihr, wie sie sich gefühlt haben?
Eventuelle Kinderantworten: Glücklich, fröhlich ...
Sie waren sehr froh. Sie haben auch wieder auf die Sonne und die Blumen geachtet. Vor lauter Glück haben sie auch wieder gemerkt, wie schön die Welt ist.
Gl. verteilt Blumen an die Kinder, mit denen sie den Weg schmücken können.

Lied
Zu Ostern in Jerusalem, 1. u. 3. Str. (Nr. 14)

Fürbitten
Guter Gott,
wir bringen unsere Bitten zu dir:

- Wir sind glücklich und feiern heute ein Fest. Lass uns auch an die Menschen denken, die traurig und allein sind.
- Wenn es uns nicht gut geht, dann spüren wir, wie es um uns herum ganz dunkel wird. Gib uns die Kraft, auch schwere Zeiten durchzustehen und die Hoffnung nicht zu verlieren.
- Wenn ein lieber Mensch von uns geht und stirbt, sind wir sehr traurig. Schenke uns das Vertrauen, dass die Toten bei dir weiterleben.
- Wir feiern heute das Fest des Lebens. Lass uns auch zwischendurch immer wieder spüren, dass wir in vielen Kleinigkeiten das Leben entdecken können.

Du schenkst uns Ruhe, Kraft und Leben auch dann, wenn wir es nicht sofort erkennen. Dafür danken wir dir. Amen.

Vaterunser

Gebet
Guter Gott,
wir feiern heute ein Fest:
Wir feiern, dass Jesus lebt.
Wir sind fröhlich und glücklich darüber.
Lass uns deine Freude weiterschenken.
Amen.

Segen

Lied
Wir singen alle Hallelu (U 98)

Im April

Wir sind zum Tisch eingeladen

Vorüberlegungen

Im April gehen viele Kinder zur Erstkommunion. Gerade, wenn darunter Geschwisterkinder sind, fragen die jüngeren Kinder oftmals, warum sie denn noch kein Heiliges Brot bekommen dürfen. In diesem Gottesdienst wird am Tisch – am Altar – ein schlichtes Mahl gehalten, Brot und Traubensaft werden miteinander geteilt. So werden die Kinder an das Geheimnis der Kommunion herangeführt, die sie später einmal erhalten werden.

Dieser Gottesdienst sollte im eigentlichen Kirchenraum stattfinden, da der Altar im Verlauf eine zentrale Rolle spielt.

Materialien

- Tisch (eventuell ein Kindertisch, damit die kleineren Kinder besser sehen können)
- Zwei Tischdecken
- Zwei Vasen mit Blumen
- Kerzen
- Zwei Brote oder Brötchen (das Brot sollte sich gut brechen lassen)
- Karaffe mit Traubensaft
- Einige Becher
- Kelch mit Wein
- Kreuz zum Hinlegen

Lied

Gottes Liebe ist so wunderbar (U 32)

Kreuzzeichen

Gebet

Guter Gott,
eben haben die Glocken der Kirche geläutet.
Sie haben einen lauten, schönen Klang.
Wir haben sie alle gehört.

Sie sind ein Zeichen dafür,
dass wir zu dir eingeladen sind.
Wir sind gerne gekommen.
Amen.

Anspiel
Der kleine Tisch steht im Altarraum in der Nähe des Altars. Die Mutter steht neben dem Tisch.
Mutter *(schaut auf die Uhr):* So, jetzt muss ich aber beginnen, in einer Stunde kommen meine Gäste. Ich muss einmal gut überlegen, was ich denn noch alles vorbereiten möchte. *(Sie schaut in die Runde der Kinder.)* Ach, vielleicht könnt ihr mir ein wenig beim Vorbereiten helfen? Wie ist das denn bei euch? Was bereitet ihr denn vor, wenn ihr Besuch erwartet?
Kinder zählen auf: Aufräumen, Tisch decken (Tischdecke, Blumen, Kerzen, Geschirr, Getränke, Brot ...)
Während des Gesprächs decken die Kinder mit der Mutter den kleinen Tisch.

Lied
Wir feiern heut ein Fest (Tr 1047)

Gespräch
Jetzt habt ihr eben zusammen einen Tisch gedeckt. Nun kann der Besuch ja kommen!
Schaut euch doch einmal hier um! Könnt ihr hier in der Kirche vielleicht auch etwas Ähnliches entdecken?
Kinder verweisen auf den Altar oder Gl. geht mit den Kindern dorthin. Der Altar ist noch ganz leer.
Sieht dieser Tisch, der Altar, immer so aus? ...
Gl. deckt mit den Kindern den Altar. (Decke, Kerzen, Kreuz, Blumen, Brot, Wein)
Jetzt vergleicht doch einmal unsere beiden Tische! Sie sehen ganz ähnlich aus. Wie zu Hause wird auch hier in der Kirche der Tisch gedeckt. Wer hat uns denn in die Kirche eingeladen?

Biblischer Text
Jesus hat oft mit seinen Freunden zusammen gegessen und getrunken. Sie haben sich zusammengesetzt und Brot und Wein geteilt. Wie sie das gemacht haben, das wollen wir jetzt aus der Bibel hören:

„Petrus und Johannes, zwei Freunde von Jesus, bereiteten ein Festmahl vor. Jesus setzte sich mit seinen Freunden zu Tisch. Und er sagte zu ihnen: Wie sehr habe ich mir gewünscht, (...) dieses Mahl mit euch zu essen. Dann nahm er Brot und Wein, er sprach ein Dankgebet, brach das Brot und reichte es seinen Freunden. Auch den Wein verteilte er an sie."

Lk 22,13b.14b.15.19a.20a

Lied
Guter Gott, wir feiern heut (Nr. 7)

Dankgebet mit gemeinsamem Mahl
Der kleine Tisch wird an den Altar geschoben. Die Kinder und Eltern stellen sich im Kreis um die beiden Tische.
Wovon wir jetzt so viel gehört haben, das wollen wir nun auch selber machen: nämlich das Brot essen und den Wein oder den Traubensaft trinken. Wer weiß noch, was Jesus gemacht hat, bevor er Brot und Wein verteilt hat?
Kinder: Er hat gebetet, gedankt ...
So ein Dankgebet wollen wir jetzt auch sprechen:

Dankgebet mit Liedruf „Dankt dem Herrn für seine Gaben"
Wir sind hier alle um deinen Tisch versammelt. Wir sind nun eine Gemeinschaft.
Liedruf: Dankt dem Herrn für seine Gaben (Nr. 2)

Es ist schön, gemeinsam zu essen und zu trinken.
Liedruf: Dankt dem Herrn für seine Gaben

Das Brot und den Saft werden wir gleich teilen, so wie es Jesus uns vorgemacht hat.
Liedruf: Dankt dem Herrn für seine Gaben

Wir haben immer genug zu essen und zu trinken. Dafür danken wir dir.
Liedruf: Dankt dem Herrn für seine Gaben

Das Brot wird nun weitergegeben, sodass sich jeder etwas davon abbrechen kann. Ebenso wird der Traubensaft in einigen Bechern weitergegeben.

Vaterunser

Gebet
Guter Gott,
wir haben zusammen gegessen und getrunken.
Es hat gut geschmeckt.

Alle haben etwas abbekommen,
weil wir miteinander geteilt haben.
Wir spüren, dass du in unserer Mitte bist.
Wir danken dir für dieses Mahl.
Amen.

Segen

Lied
Dass Gott sich daran freut (Nr. 3)

Im April

Gib uns Ohren, die hören

Vorüberlegungen

In diesem Gottesdienst geht es um die Heilung des Taubstummen. Da den meisten Kindern jedoch gar nicht bewusst ist, was es bedeutet, gut oder überhaupt hören zu können, werden mit den Kindern zunächst einige Hörerfahrungen gemacht. Sie werden dafür sensibilisiert, welch ein Geschenk unsere Ohren sind, die wir den ganzen Tag – meist unbewusst – brauchen.

Materialien

- Flöte
- Großes, unifarbenes Tuch
- Bild mit einem Ohr
- Verschiedene kleine skizzierte Bilder, die darstellen, was die Kinder bereits an diesem Morgen gehört haben könnten, wie z.B. Eltern, Toaster, Musik, Vögel, Auto, Windrauschen ...
- Triangel
- Ganz kleines, leises Glöckchen

Lied

Gottes Liebe ist so wunderbar (U 32)

Kreuzzeichen

Gebet

Guter Gott,
wir freuen uns,
dass wir heute hier zusammengekommen sind.
Heute ist Sonntag.
Wir hatten heute Morgen mehr Zeit als sonst
und das Frühstück war viel gemütlicher.
Manche von uns haben heute Morgen
schon die Vögel zwitschern gehört,
die Kirchturmuhr schlagen hören
oder haben besonders schöne Musik zum Frühstück angestellt.

Vieles haben wir heute schon gehört.
Dafür danken wir dir.
Amen.

Hörerfahrungen

Gl. bittet die Kinder, die Augen zu schließen oder sich die Augen zuzuhalten.
Gl.: Versucht einmal, ganz leise zu sein, und achtet einmal auf das, was ich jetzt mache.
Gl. spielt eine Melodie auf einer Flöte.
... klatscht in die Hände.
... drückt mehrere (laute) Küsschen auf seine/ihre Hand.
Die Kinder werden sich sofort nach jedem Geräusch dazu äußern.
Wie habt ihr denn gemerkt, was ich gemacht habe?
Kinder antworten: Wir haben gehört. Wir haben unsere Ohren gespitzt.
Gl.: Hören ist also etwas ganz Wichtiges – unsere Ohren sind ganz wichtig.
Gl. legt in die Mitte mit dem Tuch einen Kreis auf den Boden. In die Mitte des Kreises legt er/sie das Bild der Ohren.
Was habt ihr denn schon heute Morgen alles gehört? Wer kann sich an etwas erinnern?
Kinder zählen verschiedene Dinge auf: Eltern, Wecker, Kirchturmglocken, Vögel ...
Gl. legt die entsprechenden Bilder an den Rand des Kreises.
Gl.: So viel haben wir heute Morgen schon gehört. Da haben unsere Ohren schon ganz schön viel zu tun gehabt.

Lied
Gib uns Ohren (Nr. 6)

Hörerfahrungen
Gl.: Jetzt probieren wir etwas aus: Ich schlage jetzt die Triangel an, und ihr horcht auf den Ton. Wenn ihr nichts mehr von dem Ton hört, dann hebt die Hand.
Gl. schlägt die Triangel an und die Kinder heben nach dem Verklingen des Tones die Hand. (Die ganz „Schnellen" werden es wahrscheinlich nicht aushalten können und heben vorzeitig die Hand. Gl. kann ruhig darauf hinweisen, dass man hier ganz genau hinhören muss.) Gl. legt die Triangel mit an den Rand des Kreises.
Noch etwas möchte ich mit euch probieren: Hier habe ich ein ganz kleines Glöckchen. Schaffen wir es, so leise zu sein, dass wir das Glöckchen hören können?
Die Kinder werden leise und Gl. läutet das Glöckchen.
Manchmal ist es wichtig, ganz leise zu sein und ganz genau hinzuhören.
Gl. legt auch das Glöckchen an den Rand des Kreises.

Lied
Gib uns Ohren (Nr. 6)

Hörerfahrung
Gl.: Eben haben wir ausprobiert, wie es ist, wenn wir ganz genau hinhören. Jetzt werden wir einmal testen, wie es ist, wenn wir nichts mehr hören.
Gl. wählt einige (ältere) Kinder und vielleicht auch einige Eltern aus und bittet sie, sich die Ohren richtig gut zuzuhalten.
Gl. (leise gesprochen, damit die entsprechenden Kinder wirklich nichts hören können): Jetzt werden wir einmal ausprobieren, wie es ist, wenn jemand wirklich nichts hören kann. Passt auf, wir machen es jetzt so – da sitzen x (entsprechende Zahl der Kinder oder Erwachsenen, die sich die Ohren zuhalten) Kinder, die sich die Ohren zuhalten. Es geht jetzt einer aus der Familie der Kinder und kitzelt das Kind ein klein wenig durch. Was werden die Kinder wohl machen?
Kinder antworten: Sie werden sitzen bleiben, sie wissen ja nicht, was mit ihnen geschieht.
Die entsprechenden Kinder werden durchgekitzelt.
Wenn es möglich ist, im Anschluss sofort wieder Ruhe hinzubekommen, dann befragt Gl. die Kinder, wie es ihnen ergangen ist, als sie nichts hören konnten. Andernfalls wird erst das Lied gesungen, und die Kinder werden anschließend befragt.
Gl.: Die Kinder haben erzählt, dass ihnen fast mulmig war, als sie nichts hören konnten. Und sie wussten auch gar nicht, was wir mit ihnen vorhatten. – Wie gut ist es, dass wir alle hören können!

Lied
Gott ist mitten unter uns, 1.–4.Str. (U 35)

Biblischer Text
In der Bibel wird eine Geschichte von Jesus erzählt, wie er einen taubstummen Menschen, das ist ein Mensch, der nicht hören und nicht sprechen kann, geheilt hat:

„Die Menschen brachten einen Taubstummen – einen Menschen, der nicht hören und nicht sprechen kann – zu Jesus. Sie baten ihn, er möge ihn berühren. Jesus nahm den Mann zur Seite. Er legte ihm die Finger in die Ohren und blickte zum Himmel. Dann sagte er zu ihm: Effata! Das heißt: Öffne dich! Sogleich öffneten sich seine Ohren und er konnte auch richtig reden. Die Menschen staunten und sagten: Er hat alles gut gemacht; er macht, dass die Tauben hören und die Stummen sprechen."

Nach Mk 7,32–37

34

Fürbitten

(Nach jeder Fürbitte wird der *Liedruf* „Gib uns Ohren, die hören" [Nr. 6] gesungen.)

Guter Gott,

du hast zu dem taubstummen Mann „Effata" gesagt und ihm die Ohren geöffnet.
Wir bitten dich:

- Viele Menschen sind einsam oder haben Angst. Öffne unsere Ohren, dass wir hören, wenn sie unsere Hilfe brauchen.
  Liedruf: Gib uns Ohren ...
- In der Natur können wir sehr viel Schönes hören: das Zwitschern der Vögel, das Summen der Bienen, das Plätschern eines Baches ... Öffne unsere Ohren, dass wir diese Schönheiten wahrnehmen und uns daran erfreuen.
  Liedruf: Gib uns Ohren ...
- Oft ist es sehr laut um uns herum. Lass uns immer wieder nach Möglichkeiten suchen, unsere Ohren zu öffnen, um auch das Leise hören zu können.
  Liedruf: Gib uns Ohren ...

Guter Gott,

du willst, dass es uns Menschen gut geht und wir mit offenen Ohren durch den Tag gehen. Dafür danken wir dir.
Amen.

Vaterunser

Gebet

Guter Gott,
unsere Ohren sind sehr wichtig für uns.
Wir können andere Menschen verstehen
und auch viele andere Geräusche hören.
Das ist ein großes Geschenk für uns.
Wir danken dir, dass wir gut hören können.
Amen.

Segen

Lied

Halte zu mir, guter Gott (U 39)

Im Mai

Von Löwenzahn und Pusteblumen

Vorüberlegungen

Für diesen Gottesdienst werden blühende Löwenzahnpflanzen und nach Möglichkeit auch Pusteblumen besorgt. Es ist sinnvoll, rechtzeitig Ausschau zu halten, wo man die Blumen pflücken kann. Am eindrucksvollsten ist es sicherlich, wenn für jedes Kind eine Blume zur Verfügung steht. Wenn dies nicht möglich ist, schauen sich immer mehrere Kinder eine Blume an. Die Blumen sollten erst kurz vor dem Gottesdienst gepflückt werden, da sie sehr schnell verwelken. Pusteblumen zu pflücken und zu transportieren, erweist sich meist als sehr schwierig. Wenn keine geeigneten Blumen zur Verfügung stehen, muss bei der Betrachtung an der entsprechenden Stelle die Vorstellungskraft der Kinder angesprochen werden!

Materialien

- Löwenzahnblumen in Vase und Schale
- Pusteblumen
- Je ein gelbes, grünes und braunes Tuch

Lied

Du hast uns deine Welt geschenkt (U 14)

Kreuzzeichen

Gebet

Guter Gott,
es ist schön,
dass das Wetter wieder wärmer wird.
Wir können jetzt viel draußen spielen.
Auf den Wiesen und in unseren Gärten
blühen schon überall bunte Blumen.
Wir danken dir dafür.
Amen.

Betrachtung

Die Kinder sitzen im Kreis auf dem Boden. In die Mitte wird das gelbe Tuch in Kreisform gelegt.
Gl. betrachtet mit den Kindern das Tuch und fragt nach ihren Assoziationen:
Gl.: An was erinnert euch das?
Kinder antworten: Sonne, Licht, Blume ...
Gl. lenkt das Gespräch auf die Löwenzahnblume.
In die Mitte wird eine Vase oder eine Schale mit Löwenzahnblumen gestellt. Evtl. bekommt jedes Kind eine Blüte.
Gemeinsam bestaunen die Kinder die Blütenblätter, den Stängel usw.
Gl. legt das grüne Tuch neben das gelbe Tuch.
Vorsichtig legen die Kinder ihre Blüten auf das grüne Tuch. So entsteht eine Löwenzahnwiese.
Im weiteren Verlauf lenkt Gl. das Gespräch auf die Pusteblume:
Gl.: Wie verändert sich eine Löwenzahnblume?
Kinder antworten: Sie verwelken, daraus werden Pusteblumen ...
Gl. legt das braune Tuch neben die beiden anderen Tücher und legt eine oder mehrere Pusteblumen darauf.
Gemeinsam betrachten die Kinder die Samen der Pusteblume und natürlich muss an dieser Stelle auch einmal kräftig gepustet werden!
Gl.: Was passiert mit den vielen Samen, die in die Luft gepustet werden?
Kinder antworten: Sie fallen auf die Erde, neue Löwenzahnpflanzen entstehen, aus einer Blume entstehen dann ganz viele Blumen ...

Spiel vom Wachsen

Gl. fordert die Kinder auf, selbst einmal Löwenzahn zu spielen. Eine Gruppe von 5–6 Kindern ist die erste Blume. Gl. erzählt vom Wachsen des Löwenzahns und macht die Bewegungen mit.

- Die Blume ist erst ganz klein. *(Kinder hocken im Kreis auf dem Boden.)*
- Doch langsam wächst sie. Sie wird größer und größer und streckt sich der Sonne entgegen. *(Kinder richten sich langsam auf. Sie halten sich an den Händen und strecken die Arme nach oben.)*
- Nach einer Zeit verwelkt die Blüte – aus dem Löwenzahn wird eine Pusteblume. *(Kinder lassen sich an den Händen los.)*
- Der Wind pustet die Samen auseinander in alle Richtungen. *(Die übrigen Kinder mimen den Wind und pusten kräftig. Die Samen-Kinder verteilen sich auf der Spielfläche.)*

Jetzt werden neue Blumen gebildet. Um jedes Samen-Kind sammeln sich jeweils einige Kinder und der Vorgang des Wachsens wird noch einmal durchgespielt. Je nach Anzahl der Kinder wird es auch noch ein drittes Mal gespielt.

Aus einer einzigen Blume sind ganz viele neue Blumen entstanden! Wie viel Kraft steckt wohl in jedem kleinen Samenkorn!

Lied

Alles muss klein beginnen, 1. Str. (Nr. 1)

Biblischer Text

Jesus hat den Menschen immer wieder erzählt, wie es ist, wenn sich seine Botschaft unter den Menschen ausbreitet. Einmal hat er dies auch mit einem Samenkorn verglichen:

„Mit dem Reich Gottes ist es so, wie wenn ein Mann Samen auf seinen Acker sät; dann schläft er und steht wieder auf, es wird Nacht und es wird Tag, der Samen keimt und wächst, und der Mann weiß nicht, wie. Die Erde bringt von selbst ihre Frucht."

Mk 4,26–28a

Fürbitten

Guter Gott,
dir sagen wir jetzt unsere Bitten:

- Du schenkst uns die schöne Erde. Hilf uns, dass wir sorgsam mit Pflanzen und Tieren umgehen!
- Im Löwenzahnsamen steckt so viel Kraft, dass aus ihm eine neue Blume wachsen kann. Lass uns an dieses kleine Wunder denken, wenn wir das nächste Mal eine Löwenzahn-Blume sehen.
- An vielen Dingen gehen wir oft achtlos vorbei. Lass uns mehr Zeit dafür finden, Blumen oder Tiere wieder sorgfältig zu betrachten und zu merken, wie schön sie sind.
- Wir bitten für alle Menschen, die nicht mehr staunen können. Öffne ihnen die Augen für die kleinen Wunder, die täglich im Alltag geschehen.

Wir glauben, dass unsere Bitten von dir angenommen werden. Gib uns die Kraft, selbst ein Samenkorn zu sein, damit wir dein Reich spüren und verkünden.

Vaterunser

Gebet
Guter Gott,
wir haben uns eben eine Löwenzahn-Blume angeschaut.
Sonst gehen wir oft achtlos daran vorbei.
Aber wir haben heute gesehen, wie schön sie ist.
In ihr steckt viel Kraft,
denn aus den Samen können viele neue Blumen entstehen.
Wir bitten dich,
lass uns nicht vergessen,
welche Wunder wir in unserer Natur immer wieder entdecken können.
Amen.

Segen

Lied
Du gabst mir Augen (Nr. 5)

Im Mai (Pfingsten)

Zu Pfingsten in Jerusalem

Vorbemerkungen

Der Pfingsttag hat die Jünger und Jüngerinnen Jesu verändert. Waren sie vorher ängstlich, verschlossen und in sich gekehrt, so sind sie nach dem Pfingstereignis mutig und selbstbewusst und öffnen sich wieder für andere. Die Kinder spüren im heutigen Gottesdienst dieser Veränderung nach.

Materialien

● Ein Kreuz, das auf den Boden gelegt werden kann
● Kerze

Lied

Wir singen alle Hallelu (U 98)

Kreuzzeichen

Gebet

Guter Gott,
wir sind an diesem schönen Morgen
hier alle zusammengekommen.
Die Sonne scheint
und viele Blumen blühen.
Das wird bestimmt ein Tag,
an dem wir lange draußen spielen können.
Wir freuen uns,
dass wir hier sein dürfen.
Dafür danken wir dir.
Amen.

Katechese

Gl. bittet alle Kinder, sich in einen Kreis zu stellen.
Gl.: Wir wollen einmal versuchen, einen richtig schönen Kreis hinzubekommen. Jeder gibt seinem Nachbarn die Hand ... – So, jetzt stehen wir gut zusammen. Jeder hält seinen Nachbarn ganz gut fest. – An was könnte euch dieser Kreis erinnern? Was könnte unser Kreis sein?

Kinder: Sonne, Blume, Erde, Haus ...

Gl.: *(leitet evtl. auf Haus hin oder greift es auf)* – Ein Haus könnte es auch sein. Wir sind jetzt einmal die Mauern von dem Haus. Dicke starke Mauern. *(Kinder rücken zusammen)* – Ist so ein Haus etwas Schönes?

Kinder: Wir können darin wohnen.

Gl.: Ja, so ein Haus gibt uns Schutz, es gibt Geborgenheit, im Sommer spendet es uns Schatten, im Winter ist es drinnen schön warm – wir brauchen alle unsere Häuser oder Wohnungen. – Was gehört denn zu einem Haus alles Wichtiges dazu?

Kinder: Wände, Dach, Fenster, Tür ...

Gl. stellt mit Kindern die entsprechenden Dinge dar: Mauern – sich die Hände reichen, Fenster und Türen – Hände wieder lösen ...

Gl.: Wenn wir möchten, dass jemand in unser Haus hereinkommt, was machen wir dann?

Kinder: Türen öffnen.

Kinder „öffnen" die Türen mit ihren Händen.

Gl.: Und was machen wir, wenn wir niemand einlassen wollen?

Kinder: Türen verschließen.

Kinder „verschließen" die Türen und rücken enger zusammen.

Gl.: Ich möchte euch jetzt von den Freunden Jesu erzählen: Vielleicht erinnert ihr euch noch daran, was mit Jesus geschehen war – seine Freunde waren über eine Sache sehr, sehr traurig.

Kinder: Jesus ist am Kreuz gestorben.

Gl. legt ein Kreuz in die Mitte.

Gl.: Die Freunde waren traurig und noch etwas: Sie hatten Angst. Sie hatten Angst, dass auch sie gefangen genommen werden könnten, weil sie doch als die Freunde von Jesus immer mit ihm zusammen gewesen waren. Vielleicht erging es ihnen am Ende genauso wie Jesus? Und weil sie so große Angst hatten, hatten sie sich eingeschlossen. Sie hatten sich alle versammelt im Haus und sie hatten alle Türen fest zugeschlossen. So konnte niemand zu ihnen herein. – Und noch etwas war geschehen: Sie hatten nicht nur ihre Türen fest zugeschlossen, sondern auch ihre Herzen. Sie erzählten niemand mehr von Jesus. Sie waren enttäuscht und verzweifelt, sie fühlten sich sehr allein.

Kinder lassen alle wie die Jünger den Kopf hängen.

Lied
Das wünsch ich sehr (U 10)

Katechese (Forts.)

Und da passierte plötzlich etwas: Sie spürten ein Brausen. Auf einmal merkten sie, wie sich bei ihnen etwas veränderte. Die Angst verschwand. Sie wurden wieder froh. Sie bekamen wieder neuen Mut. Sie spürten, Jesus ist bei ihnen.
Gl. stellt eine brennende Kerze in die Mitte.
Er gab ihnen wieder neue Kraft. Sie konnten ihre Herzen wieder öffnen. Und so öffneten sie auch ihre Türen und begannen wieder von Jesus zu erzählen.
Kinder öffnen den Kreis.

Lied

Zu Ostern in Jerusalem, 2. Str. (Nr. 14)

Fürbitten

Guter Gott,
zu dir bringen wir unsere Bitten:

- Wie die Jünger haben auch wir manchmal Angst. Schenke uns dann jemanden, der uns neuen Mut geben kann.
- Auch wir können Menschen helfen, die Angst haben. Lass uns darauf achten, dass wir in solchen Situationen ein offenes Ohr haben.
- Die Freunde und Freundinnen Jesu haben gespürt, dass Jesus bei ihnen war. Lass auch uns spüren, dass du bei uns bist.

Du hast uns Jesus geschickt, der uns Kraft gibt, von dir zu erzählen. Wir danken dir dafür. Amen.

Vaterunser

Gebet

Guter Gott,
wir haben gehört,
wie sich bei den Freunden und Freundinnen Jesu etwas verändert hat.
Sie haben neuen Mut bekommen
und sind wieder auf die Menschen zugegangen.
Schenke auch du uns solch eine Kraft,
dass wir gerne von dir erzählen. Amen.

Segen

Lied

Lasst uns miteinander (U 65)

Im Juni

Ich schenk dir einen Sonnenstrahl

Vorüberlegungen

Schon kleine Kinder malen auf ihre ersten Bilder meist auch die Sonne. Das Element, ohne das wir auf unserer Erde nicht existieren können, hat auch schon für Kinder eine zentrale Bedeutung. In diesem Gottesdienst werden die Kinder selber zu Sonnenstrahlen und verteilen die Wärme und das Licht.

Materialien

- Ein gelber Kreis aus Tonpapier oder gelbem Stoff
- Gelbe „Sonnenstrahlen" aus Tonpapier, die nach dem Gottesdienst an die Kinder verteilt werden
- Meditationsmusik, die während des Sonnenspiels über einen Kassettenrekorder eingespielt werden kann

Lied

Du hast uns deine Welt geschenkt (U 14)

Kreuzzeichen

Gebet

Guter Gott,
als ich heute Morgen aufgestanden bin,
war ich froh:
Die Sonne schien schon!
Das wird bestimmt ein schöner Tag werden,
an dem ich viel draußen spielen kann.
Ich freue mich auf diesen Tag!
Amen.

Sonnenspiel

In der Mitte liegt auf dem Boden ein gelber Kreis aus Tonpapier oder aus Stoff.
Gl.: Was könnte dieser Kreis darstellen?
Kinder: Sonne, Blume, Löwenzahn ...
Gl.: Was passiert denn, wenn die Sonne scheint?

Kinder: Licht, Wärme, Pflanzen können wachsen ...

Gl. fordert die Kinder auf, selber einmal die Sonne zu sein.

Die Kinder fassen sich an den Händen und bilden einen Kreis. Zur Meditationsmusik und zu den Worten von Gl. bewegen sie sich.

Gl.: Noch ist es Nacht. Von der Sonne ist noch nichts zu sehen.

Kinder sitzen geduckt.

Langsam wird es Morgen. Ein erster Sonnenstrahl wagt sich hervor.

Die Köpfe langsam strecken.

Immer mehr Sonnenstrahlen kommen dazu.

Die Kinder stehen langsam auf und fassen sich an den Händen.

Am Mittag strahlt die Sonne am hellsten.

Die Hände über den Kopf führen.

Die Sonne scheint bis in die hinterste Ecke.

Die Kinder gehen langsam auf der Kreislinie.

Dann wird es Nachmittag. Die Sonne scheint nicht mehr so hell.

Die Hände wieder herunternehmen.

Langsam wird es dunkler. Es wird Abend.

Die Kinder gehen langsam wieder in die Hocke zurück.

Die Sonne ist untergegangen. Es ist Nacht. Morgen wird sie wieder scheinen.

Die Kinder ducken sich.

Lied

Vom Aufgang der Sonne (U 90)

Gespräch

Gl.: Wie fühlt ihr euch, wenn die Sonne scheint?

Kinder: Freude, Lachen, wohl fühlen, singen, Glück ...

Bei jeder Antwort legt Gl. mehrere Sonnenstrahlen an die Sonne in der Mitte.

Gl.: Unsere Sonne hat jetzt ganz viele Strahlen bekommen. Eben haben wir zusammen die Sonne gespielt. Wir sind wie sie aufgegangen und wieder untergegangen. Können wir denn auch wie Sonnenstrahlen sein? Können wir auch Freude, Lachen und Glück in die Welt bringen?

Kinder: Anderen Menschen Freude bereiten, anderen etwas Gutes tun ...

Gl.: Wer würde sich denn darüber freuen?

Kinder: Eltern, Großeltern, Nachbarn, Freunde ...

Lied

Ich schenk dir einen Sonnenstrahl (Nr. 9)

Evangelium

Die Sonne ist wie ein helles Licht. Jesus hat den Menschen auch vom Licht erzählt. Er hat gesagt:

„Ihr seid das Licht der Welt. Euer Licht soll vor den Menschen leuchten."

Mt 5,14a.16a

Damit meint er, dass auch wir Menschen wie ein Licht sein können. Auch wir können Freude bereiten, so wie uns die Sonne eine Freude bereitet.

Fürbitten

Guter Gott,
zu dir bringen wir jetzt unsere Bitten:

- Die Sonne ist ein Geschenk für uns. Ohne sie könnten wir nicht leben. Lass uns immer wieder dafür dankbar sein.
- Nicht jeden Tag scheint die Sonne. Lass uns dann nicht schlechte Laune bekommen, weil wir nicht draußen spielen können.
- Wir selber können wie Sonnenstrahlen für andere Menschen sein, wenn wir ihnen eine Freude bereiten. Hilf uns dabei!
- Wenn wir traurig sind, brauchen wir jemanden, der uns tröstet. Schenke uns dann einen Menschen, der uns in den Arm nimmt, damit wir bald wieder lachen können.

Die Sonne begleitet uns durch unser Leben, so wie auch du unser Leben begleitest. Dafür danken wir dir. Amen.

Vaterunser

Gebet

Guter Gott!
Alles in dieser Welt kommt von dir:
der Himmel und die Erde,
die Berge und die Täler,
die Tiere und die Pflanzen,
die Menschen und auch die warme, helle Sonne.
Die Sonne tut uns gut und wir fühlen uns in ihr wohl.
Wir danken dir für die Sonne.
Amen.

Segen

Lied
Ich schenk dir einen Sonnenstrahl (Nr. 9)

Austeilen der Sonnenstrahlen
Jedes Kind bekommt einen Sonnenstrahl mit der Aufforderung zu überlegen, wem es damit eine Freude machen könnte.

Fühlen, was gut tut

Vorüberlegungen

Unsere Hände sind für uns alle so etwas Selbstverständliches, dass wir sie oft gar nicht mehr wahrnehmen. Die Kinder erfahren in diesem Gottesdienst, wie gut andere Hände tun können und wie viel sie mit ihren Händen erspüren und ertasten können. Wichtig ist dabei, dass sie die Erfahrung selber machen können. Nur so können sie erahnen, dass zur Zeit Jesu die Menschen ein Verlangen hatten, von ihm berührt zu werden.

Materialien

- Fotokarton zum Aufmalen der Hände
- Bleistifte
- Scheren

Lied

Dass Gott sich daran freut (Nr. 3)

Kreuzzeichen

Gebet

Guter Gott,
wir alle haben uns eben die Hand gegeben.
Es tut gut, wenn wir uns die Hände reichen.
So erleben wir, dass wir zusammengehören.
Wir haben gespürt, wie sich die Hand unseres Nachbarn anfühlte.
Wir sind froh, dass wir alle unsere Hände zum Fühlen haben.
Amen.

Fühl-Erfahrungen

Gl.: Ihr habt es wahrscheinlich schon gemerkt: Heute wollen wir uns unsere Hände etwas genauer betrachten. Schaut sie euch einmal an: Wer sagt uns, wie viele Finger wir an jeder Hand haben? Und wisst ihr auch schon, wie die einzelnen Finger heißen?

Gl. bittet die Kinder, sich ganz nah zu den Eltern hinzusetzen, vielleicht sogar auf deren Schoß. Die Eltern nehmen eine Hand der Kinder und sollen sie jetzt massieren.

Gl. (mit ruhiger Stimme): Streichen Sie mit einem Finger vom Handgelenk bis zu den Fingerspitzen. Machen Sie dann die Bewegung mit der ganzen Hand. Kreisen Sie sanft auf Handrücken und Handinnenfläche und kneten Sie die Hand vorsichtig durch. Tippen Sie mit einem Finger an die Fingerspitzen. Nehmen Sie zum Schluss die kleine Hand zwischen Ihre beiden Hände. Anschließend kommt die andere Hand an die Reihe.

Wie war das für eure Hände? War es angenehm? – Jetzt machen wir es einmal umgekehrt: Jetzt sollt ihr mit euren Händen fühlen.

Gl. bittet die Kinder, sich vor die Eltern zu setzen oder zu stellen und die Augen zu schließen. Die Eltern nehmen die Hand der Kinder und führen sie über ihr Gesicht, die Haare, den Pullover ...

Jetzt bin ich mal gespannt, was ihr alles gefühlt habt: Wie fühlten sich die Gesichter denn an?
Kinder zählen auf: Haut – weich, rau; Haare – glatt, struppig; Bart – hart; Pullover – weich ...

Gl.: Mit unseren Händen können wir also ganz viel fühlen, wir können andere damit berühren, und es tut gut, wenn wir uns so berühren.

Lied
Ich gebe dir die Hände (U 44)

Biblischer Text
Sich einander liebevoll zu berühren, das tut gut. Auch Jesus hat die Menschen berührt. Viele Menschen sind von seiner Berührung sogar gesund geworden.

„Jesus stieg mit den Menschen den Berg hinab. Unten angekommen blieb er mit einer großen Menge seiner Freunde stehen, und viele Menschen aus der ganzen Umgebung kamen herbei. Sie alle wollten Jesus hören und von ihren Krankheiten geheilt werden. Alle Leute versuchten, ihn zu berühren; denn es ging eine Kraft von ihm aus, die alle heilte."

Nach Lk 6,17–19

Lied
Gottes Liebe ist so wunderbar (U 32)

Fürbitten

Guter Gott,
Du hast uns unsere Hände geschenkt und möchtest, dass wir mit ihnen Gutes tun:

- Unsere Hände ertasten, was um uns herum ist. Lass uns sorgsam mit ihnen umgehen, denn wir brauchen sie, um unsere Umwelt zu begreifen.
- Unsere Hände können fühlen, wie die Dinge um uns herum beschaffen sind. Manches ist weich oder hart, rau oder glatt, struppig oder kuschelig. Lass uns immer wieder bemerken, wie vielfältig deine Schöpfung ist.
- Viele Menschen sind traurig und einsam. Lass uns ihnen die Hand reichen, damit sie nicht mehr allein sind.
- Mit unseren Händen können wir einander berühren. Hilf uns, dass wir uns immer so berühren, dass es uns gut tut.

Jesus hat mit seinen Händen die Menschen geheilt. Auch wir können mit unseren Händen viel Gutes tun. Wir bitten dich, uns dabei zu helfen.
Amen.

Vaterunser

Aktion: Hände ausschneiden

Jedes Kind darf sich seinen Handumriss auf Karton aufzeichnen und ihn ausschneiden. Zu Hause kann es seine „Hand" dann jemandem schenken, den es besonders gern hat.

Gebet

Guter Gott,
wir haben uns unsere Hände
heute besonders gut angeschaut und sie gefühlt.
Wir können so vieles mit unseren Händen machen:
tasten, greifen, fühlen, streicheln.
Wir danken dir,
dass du uns unsere Hände geschenkt hast.
Hilf uns dabei, dass wir mit ihnen viel Gutes tun.
Amen.

Segen

„Halte zu mir, guter Gott, heut den ganzen Tag. Halt die Hände über mich, was auch kommen mag." Was wir gleich in unserem Lied singen werden, wollen wir einander jetzt als Zeichen mit auf den Weg geben: Jeder kann bei seinem Nachbarn ein kleines Kreuz auf die Stirn zeichnen. Das Kreuz bedeutet: „Gott hält zu dir, heut den ganzen Tag. Er hält die Hände über dich, was auch kommen mag."

Lied
Halte zu mir, guter Gott (U 39)

Im Juli

Wie viele Farben hat die Welt?

Vorüberlegungen
Farben faszinieren Kinder wie Erwachsene immer wieder aufs Neue. In einem kurzen Anspiel streiten sich verschiedene Farben darüber, welche die wichtigste unter ihnen sei. Die Kinder stellen anschließend fest, dass die Farben nur zusammen den Regenbogen ergeben. Das kurze Anspiel sollte von Eltern oder von etwas älteren Kindern gespielt werden.

Materialien
● Farbige Pompons, denen jeweils Augen aufgeklebt werden. – Als Alternative können auch mit Wasserfarben oder Schminkfarben bemalte Hände eingesetzt werden
● Papierservietten in ausreichender Zahl für Kinder und Erwachsene in den Farben Rot, Orange, Gelb, Grün, Blau, Violett

Lied
Du hast uns deine Welt geschenkt (U 14)

Kreuzzeichen

Gebet
Guter Gott,
ich habe heute Morgen schon viel gesehen:
Da war die Sonne, die gelb und golden scheint,
das Gras war wunderbar grün,
die roten Kirschen am Baum,
die orangefarbenen Möhren, die im Gemüsebeet wachsen,
das blaue Wasser im Bach,
die Blumen, die eine violette Farbe haben.
Deine Welt ist voller Farben,
an denen wir uns erfreuen können.
Amen.

Anspiel

Rot: Ist das ein schöner Tag heute! Da kann ich es mir ja richtig gut gehen lassen. Ich werde mich jetzt in die Sonne setzen.

Gelb: Ja, ja, wenn es mich, das Gelb nicht gäbe, dann könntest du dich nicht in der Sonne ausruhen. Ich bin wirklich die wichtigste Farbe.

Rot: Was redest du da für einen Unsinn? Wieso bist du die wichtigste Farbe? Meine Farbe ist genauso wichtig. Schließlich sind die Tomaten rot, dann die Erdbeeren, *(an die Kinder gewandt)* ihr kennt bestimmt noch mehr Dinge, die rot sind! *(Kinder antworten lassen)*

Grün: Warum streitet ihr euch? Grün ist am wichtigsten! Schließlich sind alle Pflanzen grün, sonst könnte ja gar nichts wachsen. Und es gibt auch grüne Tiere! *(Kinder antworten lassen – Frösche, Krokodile ...)*

Orange: Ihr habt ja mich ganz vergessen. Meine Farbe wird doch genauso gebraucht. Zum Beispiel für ... *(Kinder antworten lassen)*

Blau: Ihr habt nicht an das wirklich Wichtigste gedacht! Ohne Wasser könnte doch nichts auf der Erde leben. Alle brauchen doch Wasser zum Wachsen. Und dann gibt es noch mehr Dinge, die blau sind! *(Kinder antworten lassen)*

Violett: Und was ist mit mir? Bin ich etwa nicht wichtig? Es gibt so schöne Blumen in meiner Farbe!

Gespräch

Gl.: Was war denn da los? Könnt ihr das verstehen, warum sich die Farben gestritten haben?

Kinder antworten: Jede meinte, die Beste und Schönste und Wichtigste zu sein.

Gl.: Gibt es denn nur eine schöne Farbe? Welches ist denn eure Lieblingsfarbe?

Kinder antworten ...

Gl.: Alle Farben sind schön und wichtig. Wir können ja noch einmal alle Farben hier hinlegen.

Gl. nimmt von jeder Farbe mehrere Servietten, und legt sie dann bogenförmig auf den Boden.

Gl.: Da war zuerst das Rot. Dann gab es auch Orange ...

Es entsteht ein Regenbogen.

Können wir denn jetzt noch sagen, dass nur eine Farbe die wichtigste ist?

Alle Farben gehören zusammen – zusammen bilden sie so einen wunderschönen Regenbogen.

Lied

Singen unterm Regenbogen (Nr. 12)

Die Kinder und Erwachsenen erhalten je eine farbige Serviette und stellen sich mit jeweils einer Farbe je nach Räumlichkeiten in Reihen oder in Halbkreisen hintereinander. Die Servietten werden während des Liedes hin und her geschwenkt.

Schrifttext

Die Menschen haben schon vor vielen tausend Jahren gestaunt, dass Gott ihnen so eine bunte Welt geschenkt hat. Dafür haben sie Gott gedankt und gelobt. So einen alten Text aus der Bibel werden wir jetzt hören.

„Herr, mein Gott, wie groß bist du!
Du spannst den Himmel aus wie ein Zelt.
Du lässt das Wasser hervorsprudeln.
Du lässt Gras wachsen für die Tiere,
auch Pflanzen für den Menschen.
Du hast den Mond gemacht,
die Sonne weiß, wann sie untergeht.
Herr, wie zahlreich sind deine Werke!
Ich will dem Herrn singen, solange ich lebe."

Nach Psalm 104,1b,2b,10a,14a,19,24a,33a

Danksagung

Guter Gott, du hast uns mit deiner Welt auch viele Farben geschenkt:
Die Farben machen unsere Welt bunt und fröhlich.
Alle: Guter Gott, wir danken dir.
Jede Farbe ist schön und wichtig. Alle haben ihre eigene Bedeutung.
Alle: Guter Gott, wir danken dir.
Zusammen ergeben die Farben den wunderschönen Regenbogen.
Alle: Guter Gott, wir danken dir.
So wie die Farben beim Regenbogen, so gehören auch wir zusammen.
Alle: Guter Gott, wir danken dir.
Der Himmel, die Erde, wir sind reich beschenkt von dir. Lass uns immer daran denken, dass wir sorgsam mit deiner Schöpfung umgehen. Amen.

Vaterunser

Segen

Lied

Singen unterm Regenbogen (Nr. 12)

Im Juli

Du gabst mir Augen, dass ich dich sehen kann

Vorüberlegungen

Die Heilung des blinden Bartimäus beeindruckt die Kinder immer wieder aufs Neue. In diesem Gottesdienst erleben die Kinder, was es bedeutet, nichts sehen zu können.

Für das Anspiel wird eine Person gesucht, die ein wenig Pantomime beherrscht. Während einige Kinder mit verbundenen Augen dabeisitzen, spielt der Pantomime den übrigen Kindern bei leiser Hintergrundmusik etwas vor.

Zum biblischen Text bietet es sich an, auf die Dias von Kees de Kort (Biblische Palette, Bartimäus, Stiftung Docete Hilversum Holland) zurückzugreifen. Besonders eindrucksvoll ist dort das Dia „Bartimäus werden die Augen geöffnet" (Dia Nr. 11) dargestellt.

Materialien

- Tücher zum Verbinden der Augen
- Vase mit Blumen
- Jonglierbälle oder -tücher (Chiffontücher)
- Frisches Brot
- Brotmesser
- Seifenblasen
- Diareihe „Bartimäus" (s.o.)
- Diaprojektor
- Evtl. Leinwand
- Kleine Malblätter
- Großer Fotokarton
- Buntstifte

Lied

Dass Gott sich daran freut (Nr. 3)

Kreuzzeichen

Gebet

Guter Gott,
wir sind hier zum Gottesdienst zusammengekommen.
Wir schauen uns um, nach rechts und links,
und sehen viele Kinder und ihre Eltern.
Manche sind uns bekannt,
andere kennen wir noch nicht.
Wir können uns alle gut sehen,
weil wir gesunde Augen haben.
Dafür danken wir dir.
Amen.

Anspiel

Drei oder vier Kindern werden die Augen verbunden. Sie setzen sich hin und warten ab, was passiert. (Es ist sinnvoll, dafür ältere Kinder auszuwählen, da sie anschließend besser ihre Eindrücke artikulieren können.)
Gl.: N., N. und N. (Namen der Kinder nennen) können jetzt nicht mehr sehen.
Wie nennt man das denn, wenn jemand nichts mehr sehen kann?
Kinder antworten: Jemand ist blind.

Zur Musik tritt jetzt der Pantomime auf.
Er macht verschiedene Dinge, wie zum Beispiel:
Grimassen schneiden;
Vase mit Blumen auf einen Tisch stellen;
jonglieren;
duftendes Brot schneiden und verteilen;
Seifenblasen pusten;
...
(Wichtig ist bei den Tätigkeiten, dass es Dinge sind, die „blinde" Kinder vielleicht erahnen, aber nicht erkennen können.)

Gl. bindet die Tücher der Kinder wieder ab und befragt sie, was sie eben mitbekommen haben. Es wird sich herausstellen, dass sie einige Sachen vielleicht vermutet haben, aber bei anderen Dingen nicht wussten, was gerade passierte. (An dieser Stelle sollte der Pantomime verschwinden, damit er nicht die Aufmerksamkeit der Kinder weiter auf sich zieht.)
Gl.: Unsere „blinden" Kinder haben eben von den vielen schönen Sachen vieles nicht mitbekommen. Menschen, die immer blind sind, erleben das ganz oft. Das ist für sie meist sehr traurig.

Das folgende Lied erzählt davon, wie schön es ist, sehen zu können, und wie dankbar wir dafür sein können.

Lied
Du gabst mir Augen, 1. u. 2. Str. (Nr. 5)

Biblischer Text
Vor vielen, vielen Jahren lebte einmal ein Mensch, der hieß Bartimäus. Und dieser Bartimäus, der konnte nichts sehen, genauso wie eben N., N. und N. (Namen der Kinder nennen, die die Augen verbunden hatten). Er war blind. Bartimäus lebte zur gleichen Zeit wie Jesus. Davon werde ich euch jetzt eine Geschichte erzählen.

„Jesus wandert mit seinen Jüngern durch das Land.
Er kommt in die Stadt Jericho.
Viele Menschen stehen am Straßenrand.
Auf der Erde sitzt Bartimäus.
Bartimäus ist blind.
Er kann nicht arbeiten.
Er muss betteln.

Bartimäus hört:
Es kommt eine große Menschenmenge vorbei.
Er fragt die Leute: Was ist da los?
Sie sagen: Jesus von Nazareth kommt.
Da ruft Bartimäus ganz laut:
Jesus, hilf mir!

Die Leute am Straßenrand sagen:
Schrei nicht!
Du störst Jesus.
Sei still!

Aber Bartimäus ruft noch lauter:
Jesus, hilf mir!
Jesus, hilf mir!

Jesus bleibt stehen.

Jesus sagt: Ruft ihn her!

Sie gehen zu Bartimäus.
Sie sagen zu ihm:

Steh auf, Jesus ruft dich!
Bartimäus wirft seinen Mantel zur Erde.
Er läuft zu Jesus.

Jesus fragt Bartimäus:
Was willst du?
Bartimäus sagt:
Herr, ich will sehen können!
Jesus sagt: Du vertraust mir.
Darum wirst du sehen.

Und auf einmal kann Bartimäus sehen.

Er lässt alles liegen und geht mit Jesus."

Hellmut Haug, aus: „Das große Bibel-Bilderbuch". ©1998 Deutsche Bibelgesellschaft, Stuttgart

Katechese

Bartimäus sind die Augen aufgegangen, plötzlich kann er wieder sehen! Was meint ihr, was er als Erstes um sich herum sieht?
Kinder zählen auf: Menschen, Jesus, Blumen, Bäume, Gesichter, Häuser...
Jesus hat Bartimäus die Augen geöffnet. Jesus möchte auch uns die Augen öffnen! Uns die Augen öffnen? Aber wir können doch sehen! Wie könnte das gemeint sein?
Wir sollen unsere Augen richtig gut öffnen, damit wir auch die Dinge sehen, auf die wir vielleicht sonst nicht so gut achten: z.B. wenn jemand traurig ist; wenn eine kleine Blume aus der Erde wächst; wenn sich jemand etwas traut, wovor er vorher Angst hatte ...

Malaktion

Jedes Kind überlegt, was es heute schon Besonderes gesehen hat, und malt es auf ein kleines Blatt. Die Blätter werden auf einen großen Karton geklebt. Gl. schaut sich mit den Kindern zusammen die Bilder an.

Fürbitten

Guter Gott,
du hast Bartimäus die Augen geöffnet. Wir bitten dich:

– Bartimäus konnte wieder sehen, und er sah, wie schön die Welt um ihn herum ist. Öffne unsere Augen, damit auch wir das Schöne in unserer Welt nicht übersehen.
– Oft gehen wir achtlos an der Schönheit deiner Schöpfung vorbei. Öffne unse-

re Augen, dass wir immer wieder die vielen Wunder unserer Erde entdecken.
- Viele Menschen sind traurig und allein. Öffne unsere Augen, dass wir auf sie achten und uns um sie kümmern.
- Es gibt Tage, da können wir wie Bartimäus nichts Schönes mehr sehen. Öffne unsere Augen, dass wir uns auf das einlassen können, was unser Leben lebenswert macht.

Guter Gott,
manchmal sind wir wie blind. Du kannst uns die Augen öffnen. Wir danken dir, dass du bei uns bist.
Amen.

Vaterunser

Gebet
Guter Gott,
wir haben erlebt, was es heißt,
wie Bartimäus nicht richtig sehen zu können.
Du hast Bartimäus geholfen
und willst auch unsere Augen öffnen.
Wir danken dir,
dass du dich um uns kümmerst und uns begleitest.
Amen.

Segen

Lied
Du gabst mir Augen, 3.–5. Str. (Nr. 5)

Im August

Etwas Neues beginnt

Vorüberlegungen
Kindergarten- und Schulbeginn sind entscheidende und wichtige Veränderungen im Leben der Kinder. Neben der Freude („Ich bin jetzt groß!") mischen sich bei den meisten auch Ängste und Unsicherheiten dazu.

Die biblische Geschichte von Abraham greift den Aspekt des Neubeginns, der Veränderung auf.

Materialien
- Schultüte
- Kindergartentasche

Lied
Gottes Liebe ist so wunderbar (U 32)

Kreuzzeichen

Gebet
Guter Gott,
ich freue mich, dass ich hier bin.
Die Ferien waren schön.
Wir haben viel Zeit gehabt
und vieles erlebt.
Doch jetzt freue ich mich,
meine Freunde und Freundinnen wieder zu sehen.
Es ist gut, wieder beisammen zu sein.
Amen.

Gespräch
Gl. legt eine Schultüte in die Mitte.
Die Kinder äußern ihre Assoziationen und Gl. nimmt diese auf.
Kinder: Erster Schultag, ich komme in die Schule, ich bin jetzt schon groß ...
Gl. legt eine Kindergartentasche in die Mitte.

Kinder: Erster Kindergartentag, neue Gruppe ...

Gl.: Für viele Kinder beginnt etwas Neues. Die einen kommen neu in den Kindergarten, andere schon in die Schule. Freut ihr euch darauf?

Kinder: ...

Gl.: Worauf freut ihr euch denn?

Kinder: Schultüte, neue Freunde kennen lernen ...

Gl.: Macht euch manches vielleicht auch ein bisschen Angst?

Kinder: Große Gruppe, Trennung von den Eltern ...

Gl.: Was oder wer hilft euch denn dagegen, wenn ihr Angst habt, wenn da so ein Kribbeln im Bauch ist?

Kinder: Freund oder Freundin, Eltern, Erzieherin, Lehrer oder Lehrerin ...

Gl.: Wie könnte das aussehen?

Gl. animiert die Kinder zu „Mut-mach-Gesten" – sich die Hände reichen, sich umarmen ...

Lied
Das wünsch ich sehr (U 10)

Biblischer Text
In der Bibel wird auch von einem Mann erzählt, der etwas Neues beginnen musste.

„Abraham war ein alter Mann. Er besaß viele Schafe und Ziegen, Kamele und Esel. Abraham wohnte mit seiner Frau Sara in Zelten. Seine Verwandtschaft wohnte bei ihm.

Da sprach Gott zu Abraham: Zieh fort aus deinem Land und von deiner Verwandtschaft in das Land, das ich dir zeigen werde! Ich werde dich zu einem großen Volk machen. Ich will dich segnen und deinen Namen berühmt machen. Ich werde bei dir sein und dir den Weg zeigen.

Da zog Abraham los, so wie Gott es ihm gesagt hatte. Er wusste, dass Gott bei ihm ist."

Nach Gen 12,1–4

Lied
Das wünsch ich sehr (U 10)

Fürbitten
Guter Gott,
wir bringen unsere Bitten zu dir:

(Bitten der Kinder:)
- Viele von uns kommen jetzt neu in den Kindergarten oder in die Schule. Wir freuen uns darauf, dass etwas Neues beginnt. Manches macht uns aber auch Angst. Wir bitten dich, dass immer jemand bei uns ist, der uns Mut macht.
- Wenn wir etwas Neues beginnen, ist uns erst einmal alles fremd. Schenke uns den Mut, dass wir neue Dinge ausprobieren und neue Menschen kennen lernen können.
- Manchmal gibt es Kinder, denen es sehr schwer fällt, in eine neue Gruppe oder Klasse zu kommen. Hilf uns, dass wir uns um sie kümmern, sodass sie sich nicht mehr alleine fühlen.

(Bitte der Eltern:)
- Der Start in etwas Neues ist für unsere Kinder mit vielen Freuden, aber mit auch so manchen Sorgen verbunden. Schenk uns die Kraft, in dieser Zeit besonders viel Verständnis für unsere Kinder zu haben und ihnen eine verlässliche Stütze zu sein.

Guter Gott,
wir glauben, dass du bei uns bist, so wie du mit Abraham gegangen bist. Lass uns das nicht vergessen.
Amen.

Vaterunser

Gebet
Guter Gott,
wir haben heute von Abraham gehört.
Er sollte aus seinem Land wegziehen,
weit weg in die Ferne.
Bestimmt hat auch er Angst gehabt,
weil er nicht genau wusste,
wo er hinkommen würde.
Aber eines wusste er:
dass du, Gott, bei ihm bist.
Das hat ihm Mut gemacht.
Du bist auch bei uns.
Dafür danken wir dir.
Amen.

Segen

Gott hat Abraham gesegnet, bevor er aufgebrochen ist. Auch uns segnet er in jedem Gottesdienst. Es ist eine alte Geste, dabei die Hände aufgelegt zu bekommen.

Gl. bittet die Eltern, sich vor ihre Kinder zu stellen und ihnen die Hände zum Segen aufzulegen. Die Kinder, die ohne Eltern da sind, können sich gegenseitig die Hände auflegen.

„Gott sei vor dir, heute und morgen,
um dir den neuen Tag zu öffnen.

Gott sei neben dir, immer und ewig,
um wie ein guter Freund dich zu lieben.

Gott sei hinter dir, um dich zu stützen,
und du brauchst keine Angst zu haben.

Gott sei in dir, in deinem Herzen,
um dich zu trösten, wenn du allein bist.

Gott sei über dir, um dich zu segnen,
weil er dich lieb hat und immer da ist.

So segne uns der allmächtige Gott –
der Vater, der Sohn und der Heilige Geist.
Amen."

Nach einem irischen Segensspruch

Lied

Halte zu mir, guter Gott (U 39)

Im August (Kräuterweihe)

Kräuter als Zeichen des Heils

Vorüberlegungen

Der Brauch der Kräuterweihe ist in vielen Gemeinden in Vergessenheit geraten. Dabei bietet er sich eigentlich an, mit Kindern darüber nachzudenken, dass uns die Natur zum Heil erschaffen ist. Gängige Kräuter zum Würzen wie Petersilie und Schnittlauch sind den meisten Kindern bekannt, aber auch Kamille oder Lavendel werden einige Kinder in Form von Tee oder Creme kennen.

Im Anschluss an den Gottesdienst ist es möglich, gemeinsam einen Kräuterquark zu verzehren. Mit verschiedener Rohkost kann von dem Quark gedippt werden.

Materialien

- Strauß mit Sommerblumen
- Verschiedene Kräuter wie Petersilie, Schnittlauch, Rosmarin, Zitronenmelisse, Kamille, Lavendel ...
- Bei den Kräutern, die als Zusätze für ein Produkt gebraucht werden, ist es sinnvoll, dieses bei der Anschauung ebenfalls zu zeigen.

Lied

Du hast uns deine Welt geschenkt (U 14)

Kreuzzeichen

Gebet

Guter Gott,
wir sind heute Morgen hier zusammengekommen.
Es ist gutes Wetter, und die Sonne scheint.
So können wir viel draußen spielen.
Auf unserem Weg zur Kirche haben wir viele Blumen gesehen.
Sie sehen schön aus, und wir freuen uns an ihnen.
Du lässt sie für uns wachsen.
Dafür danken wir dir.
Amen.

Anschauung

Gl.: Wir haben gerade für die Blumen gedankt, die draußen überall wachsen.

Gl. stellt einen Strauß mit Sommerblumen in die Mitte und schaut ihn mit den Kindern an.

Es gibt aber noch vieles andere, was wir draußen in der Natur finden können.

Gl. stellt nacheinander verschiedene Kräuter wie Petersilie, Schnittlauch, Rosmarin, Lavendel, Zitronenmelisse, Kamille, Fenchel usw. in die Mitte.

Bei jedem Kraut überlegt er/sie gemeinsam mit den Kindern, wie es heißt und wofür es verwendet wird.

Petersilie, Schnittlauch, Rosmarin zum Würzen;

Lavendel zum Füllen von Lavendelsäckchen, als Seife oder Bademilch mit beruhigender Wirkung;

Zitronenmelisse zum Würzen oder als Tee;

Kamille als Tee bei Bauchschmerzen oder als Creme;

Fenchel als Tee bei Bauchschmerzen.

Dabei können die Kinder von den verschiedenen Kräutern schmecken oder an ihnen riechen. Die entsprechenden Produkte wie Tee oder Creme werden mit zu den Kräutern gelegt.

Jetzt liegt hier ganz viel in unserer Mitte: Blumen, Kräuter … Alles wächst draußen in der Natur. – Wozu wachsen denn die Blumen?

Kinder: Wir können uns daran erfreuen, sie bringen Farbe in unser Leben …

Gl.: Sie tun uns gut. Zu den verschiedenen Kräutern haben wir eben schon gesagt, dass sie nicht nur schön aussehen, sondern dass sie uns auch Gutes tun können:

Wenn wir sie zum Würzen verwenden, dann schmeckt das Essen besser.

Wenn wir sie zum Teekochen verwenden, dann geht es anschließend dem kranken Bauch besser.

Wenn wir sie für Salben oder Medikamente verwenden, dann können sie uns heilen.

Die Kräuter wachsen, damit es uns gut geht, sie helfen und heilen uns.

Lied

Du gabst mir Augen (Nr. 5)

Biblischer Text

Wir haben uns gerade die Kräuter angeschaut und festgestellt, dass sie uns gut tun können. Gott möchte, dass es uns gut geht, und lässt die Kräuter für uns wachsen.

Auch Jesus wollte, dass es den Menschen gut geht. Viele Menschen sind zu ihm gekommen, damit er sie heilte und wieder gesund machte.

„Jesus stand auf, verließ die Synagoge und ging in das Haus des Simon. Die Schwiegermutter des Simon hatte hohes Fieber, und sie baten Jesus, ihr zu helfen. Jesus trat zu ihr hin, beugte sich über sie und heilte sie. Sie stand sofort auf und sorgte für sie."

Lk 4,38–39

Lied
Gottes Liebe ist so wunderbar (U 32)

Fürbitten
Guter Gott,
wir kommen zu dir mit unseren Bitten:

- Du lässt die Blumen und Kräuter für uns draußen wachsen. Lass uns immer wieder an diesen schönen Dingen Freude empfinden.
- Die verschiedenen Kräuter können uns gut tun. Viele Kräuter wachsen auch wild am Wegesrand: Lass uns sorgsam mit ihnen umgehen und sie nicht einfach abreißen.
- Vielen Menschen geht es nicht gut. Sie sind krank und müssen im Bett liegen. Hilf uns, dass wir sie nicht vergessen und uns um sie kümmern.
- Wir bitten dich für unsere Gesundheit. Lass uns sorgsam mit ihr umgehen und uns an ihr erfreuen.

Deine Welt ist voller Wunder. Dafür danken wir dir.
Amen.

Vaterunser

Kräutersegnung
Früher sind in den Gemeinden im August die verschiedenen Kräuter gesegnet worden. Der Segen ist ein Zeichen dafür, dass die Kräuter der Natur gut für Menschen und Tiere sind. Sie sagen uns, dass Gott es gut mit uns meint. Daran soll uns der Segen auch heute erinnern.

„Guter Gott,
segne diese Kräuter,
dass sie uns zum Zeichen deiner Schöpfung werden.
Du hast sie geschaffen, damit es uns Menschen gut geht:
Mit den bunten Blumen, deren Anblick uns gefällt;
mit den Bäumen, die uns im Sommer Schatten spenden;

mit den Kräutern, die unserem Körper Gesundheit schenken.
Dafür danken wir dir.
Amen."

Lied
Halte zu mir, guter Gott (U 39)

Jedes Kind darf sich einige der gesegneten Kräuter mit nach Hause nehmen.

Gut, dass wir verschieden sind

Vorüberlegungen

Der Gottesdienst lebt von einem kleinen Anspiel, das recht einfach gestaltet werden kann. Mehrere Früchte werden auf Schaschlikspieße gesteckt und können so wie Handpuppen eingesetzt werden. Die verschiedenen Früchte, die sich zu Beginn des Stückes sehr misstrauisch über die Kiwi äußern, merken zum Ende, dass sie nur zusammen einen sehr schmackhaften Obstsalat ergeben.

Es bietet sich an, nach dem Gottesdienst gemeinsam einen solchen Salat zuzubereiten und zu essen.

Materialien
- Obstkorb
- Banane
- Trauben
- Apfel
- Apfelsine
- Pfirsich
- Kiwi
- Schaschlikspieße

Lied
Wir feiern heut ein Fest (Tr 1047)

Kreuzzeichen

Gebet
Guter Gott,
viele Kinder und Eltern haben sich
heute wieder hier versammelt.
Wenn wir uns in unserem Kreis umschauen,
bemerken wir,
dass kein Kind genauso wie ein anderes Kind aussieht:
Manche sind klein – andere sind groß,

manche haben helle – andere dunkle Haare.
Manche von uns sind Mädchen,
die anderen sind Jungen.
Manche Kinder haben Geschwister,
andere haben ihre Freunde dabei.
Obwohl wir alle verschieden sind,
gehören wir doch alle zusammen.
Amen.

Einleitung zur Geschichte

Gerade haben wir gesagt, dass wir alle verschieden sind. Stimmt das denn? Kann mir denn jemand sagen, was wir an uns für Unterschiede sehen können?
Kinder zählen Unterschiede auf.
Wir haben heute etwas mitgebracht: Verschiedene Früchte, die auch nicht alle gleich aussehen.
Gl. stellt den Korb mit Obst in die Mitte.
Kinder benennen die Früchte und zeigen die jeweiligen Unterschiede auf.

Geschichte mit Anspiel

Im Kindergarten Kunterbunt steht in der Küche ein Obstkorb mit vielen Früchten. Eines Nachts beginnen sich die Früchte zu unterhalten.
Zuerst beginnt die **Banane** zu sprechen: „Guten Abend, ich bin eine Banane und habe schon eine weite Reise hinter mir. Ich komme aus Panama. Erzählt doch einmal, wer ihr seid! Ich bin so gespannt! In den letzten Tagen war ich nur mit Bananen zusammen, die alle aus Panama kamen. Es war schrecklich langweilig, weil niemand etwas Spannendes erzählen konnte."
Eine Frucht nach der anderen erzählt, wie sie heißt und woher sie kommt:
die **Trauben** aus Griechenland,
der **Apfel** aus Südtirol,
die **Apfelsinen** aus Spanien,
der **Pfirsich** aus Südfrankreich.
Nur die **Kiwi** liegt ruhig im Korb und beteiligt sich nicht am Gespräch. Da schubst die leuchtend orange **Apfelsine** sie an und fragt: „Was ist mit dir, du haariges Etwas? Bist du überhaupt eine Frucht, oder bist du ein Ungeziefer, das hier nichts zu suchen hat?"
Bevor die Kiwi antworten kann, rufen die **Trauben**: „Ein solches merkwürdiges, ungepflegt aussehendes Gebilde schmeckt sicher nicht."
Die gesprächige **Banane** rückt ein wenig von der Kiwi weg, weil sie die Kiwi nicht kennt und das Gefühl hat, dass sie nicht zu den anderen Früchten mit ihren farbigen Schalen passt.

Die **Kiwi** weiß, dass sie eine Frucht ist und dass sie den meisten Menschen sehr gut schmeckt. Als sie endlich etwas sagen kann, erklärt sie: „Natürlich bin ich auch eine Frucht. Mein Name ist Kiwi. Ich bin mit dem Flugzeug von Australien angereist. Australien ist ein herrliches Land. Es gibt dort Kängurus, die auf ihren Hinterbeinen durch das Land springen. Die Babykängurus wohnen in einem Fellbeutel am Bauch ihrer Mütter."

Die anderen Früchte hören der Kiwi aufmerksam zu. „Erzähle noch mehr von den Tieren, die auf den Hinterbeinen springen", bittet ein **Apfel**.

Die Kiwi erzählt fast die ganze Nacht von den Tieren und Pflanzen, die in ihrer Heimat leben, und von ihren Erlebnissen auf der Flugreise.

Als die Sonne aufgeht, bedauern die Früchte sehr, dass die Kiwi aufhören muss. „Komisch, dass eine so interessante Frucht eine so raue Schale hat", überlegen die **Apfelsinen**. Aber es stört sie nicht mehr, dass es so ist. Sie wissen, dass die Kiwi ein toller Kerl ist.

Am nächsten Morgen kommen die Kinder in den Kindergarten, schälen das Obst, schneiden es in kleine Stücke und machen daraus einen herrlichen Obstsalat.

Die **Banane** ist ganz erstaunt und denkt: „Die Kiwi hat ein wunderschönes grünes Fruchtfleisch, sicher schmecken wir zusammen sehr gut!"

Leicht abgeänderte Fassung nach: „Die Kiwi", in: „Bausteine Kindergarten", „Was will der Blödmann hier? – Außenseiter integrieren lernen" (Ausgabe 1/98), © Bergmoser und Höller AG, Aachen

Gespräch

Was war denn da im Kindergarten los?

Kinder erzählen mit Hilfe von Gl. die Geschichte in groben Zügen nach.

Warum mochten denn die anderen Früchte am Anfang die Kiwi nicht?

Gl. stellt im Gespräch heraus, dass die Kiwi wegen ihres Äußeren nicht akzeptiert war. Als die anderen Früchte sie näher kennen lernen, merken sie, dass ihre Vorurteile unangebracht waren.

Kennt ihr das auch bei euch? Habt ihr auch schon einmal gedacht: Das Kind mag ich nicht? Und hinterher stellte sich heraus, es war doch ganz nett? ...

Manchmal ist es ja auch sehr schön, wenn unterschiedliche Kinder zusammenkommen, denn jeder kann etwas anderes besonders gut: Einer kann besonders gut Legohäuser bauen, und ein anderes Kind hat eine tolle Idee, welches Spiel man mit den gebauten Teilen spielen kann. Und so macht es zusammen erst richtig Spaß!

Lied

Ich gebe dir die Hände (U 44)

Biblischer Text

In der Bibel gibt es einen ganz alten Text, in dem auch schon gesagt wird, dass es gut ist, wenn Menschen zusammen leben und nicht Einzelne außen vor lassen:

„Seht, wie gut und wundervoll ist es doch,
wenn Schwestern und Brüder wirklich gemeinsam leben!
Denn dort spendet Gott Segen und Leben in Ewigkeit."

Ps 133,1b.1c.3c.3d

Fürbitten

Guter Gott, zu dir bringen wir unsere Bitten:

- Wir sehen alle unterschiedlich aus, doch jeder von uns kann etwas Besonderes. Lass uns miteinander erkennen und entdecken, was in jedem von uns steckt.
- Wenn wir neue Kinder in die Gruppe oder die Klasse bekommen, wissen wir noch nicht viel von ihnen. Schenke uns den Mut, auf neue Kinder zuzugehen und sie so besser kennen zu lernen.
- Manchmal dürfen auch wir nicht bei anderen mitspielen. Schenke uns dann einen Menschen, der uns hilft, nicht den Mut zu verlieren.
- Viele Dinge machen erst mit vielen Kindern zusammen Spaß. Hilf uns dabei, dass wir auch die Kinder zum Mitmachen einladen, die sonst nicht so oft mitspielen dürfen.

Guter Gott, du bist bei allen Menschen. Lass uns deine Gemeinschaft spüren, die uns alle zusammenführt.
Amen.

Vaterunser

Gebet

Guter Gott,
wir reichen uns die Hände
und schaun uns ins Gesicht,
dass wir so verschieden sind,
das stört uns alle nicht.
Wir reichen uns die Hände,
da kann es jeder sehn,

dass du und ich,
dass ich und du,
dass wir uns gut verstehn.
Amen.

Nach Rolf Krenzer

Segen

Lied
Halte zu mir, guter Gott (U 39)

Aktion
Nach dem Gottesdienst werden alle Kinder und Eltern zum gemeinsamen Obst-salat-Essen eingeladen.

Im September

Das Wunder der Sonnenblume

Vorüberlegungen

Sonnenblumen beeindrucken Kinder wie Erwachsene in jedem Jahr aufs Neue. Ihre Größe und die Farbenverwandtschaft zur Sonne tragen dazu bei, dass sie eine äußerst beliebte Pflanze sind. In diesem Gottesdienst wird darauf eingegangen, dass aus einem kleinen Sonnenblumenkern eine solch große Blume entsteht.

Das Lied „Deine Welt ist voller Wunder" beinhaltet in vereinfachter Form den Psalm 104. Da es in diesem Gottesdienst vorgesehen ist, den biblischen Text anhand des Liedes zu erschließen, ist es sinnvoll, den Kehrvers vor dem Gottesdienst einzuüben.

Materialien

- Ein gelbes Tuch
- Ein Strauß Sonnenblumen
- Eine Schale mit Sonnenblumenkernen

Lied
Vom Aufgang der Sonne (U 90)

Kreuzzeichen

Gebet
Guter Gott,
ich bin heute Morgen fröhlich aufgewacht.
Draußen scheint die Sonne
und es ist immer noch schön warm.
Im Garten blühen
die letzten Sommerblumen dieses Jahres.
Ich freue mich daran.
Amen.

Anschauung

Die Kinder sitzen im Kreis auf dem Boden. Gl. breitet ein gelbes Tuch in Kreisform aus. Gl. betrachtet mit den Kindern das Tuch und fragt nach ihren Assoziationen (Sonne, Licht, Blume ...). Gl. lässt die Begriffe alle unkommentiert stehen, auch wenn an dieser Stelle schon die Sonnenblume genannt werden sollte.

Ich will euch jetzt ein Rätsel vorlesen:

Meine schöne Blume seht,
wie sie groß und herrlich steht!
Wie ihr Antlitz auf uns blickt,
schön, dass unser Herz erschrickt.

In die Erde steckte ich
einen Kern, der streckte sich,
wuchs – ich brauchte nichts zu tun.

Mein ist eine schöne Blume nun.
Sie ist schön und sonnengleich.
Sie kann schenken – sie ist reich:
Falter, Bienen speist ihr heller,
honigschwerer Blütenteller.

Und nun sagt, ich wüsst es gern,
wie aus einem kleinen Kern
eine Blume wachsen kann,
welche dasteht wie ein Mann!

Aus: Josef Guggenmos, Ich will dir was verraten. 1992 Beltz Verlag, Weinheim und Basel,
Programm Beltz & Gelberg, Weinheim

Wer weiß, was damit gemeint sein kann?

Gl. stellt einen Strauß mit Sonnenblumen auf das gelbe Tuch und betrachtet mit den Kindern die einzelnen Teile der Blume (Blütenblätter, Stängel, Kerne).
Gl. fordert die Kinder auf, selber einmal eine Sonnenblume zu spielen:

- Ein Sonnenblumenkern fällt auf die Erde oder wird in die Erde gesteckt *(Kinder kauern sich auf dem Boden zusammen);*
- die warme Erde, die Sonne, der Regen, sie alle lassen den kleinen Kern wachsen – erst ist es ein winziger Spross, dann wird die Pflanze groß und größer *(Kinder kommen langsam nach oben, strecken sich, bis sie stehen);*
- schließlich öffnet sie ihre Blütenblätter und streckt sich der Sonne entgegen *(Kinder breiten ihre Arme weit aus);*

– im Herbst fallen dann die Kerne wieder auf die Erde, und alles beginnt von neuem. *(Kinder lassen sich auf den Boden fallen)*.

Lied
Alles muss klein beginnen (Nr. 1)

Betrachtung
Gl. stellt eine Schale mit Sonnenblumenkernen in die Mitte und betrachtet und be- fühlt zusammen mit den Kindern die kleinen Kerne.
Wenn ihr euch jetzt so einen kleinen Kern anschaut, ahnt ihr schon ein Wunder: So eine große Pflanze kann daraus wachsen!
Gl. bittet eine Mutter oder einen Vater, sich zur Demonstration der Größe der Son- nenblume einmal hinzustellen.
Wie viel Kraft steckt wohl in so einem kleinen Kern, damit solch eine große Blu- me daraus wachsen kann!

Lied als biblischer Text
Vor mehreren tausend Jahren haben die Menschen auch schon über die Wunder der Natur gestaunt und haben dazu Lieder gesungen. Diese Lieder heißen Psal- men und stehen in unserer Bibel. Solch einen Psalm wollen wir jetzt singen:

Kehrvers: Deine Welt ist voller Wunder (Nr. 4)

Zwischen den Kehrversen werden die jeweiligen Texte gesprochen:

1. Du hast alles klug geordnet.
   Herr, mein Gott, du bist so groß!
   Du hast den Himmel und die Erde geschaffen.
   Du schenkst uns die Nacht und den Tag,
   die Sonne, den Mond und die Sterne,
   die Wolken, den Regen und den Wind.

2. Alles, was wir um uns herum sehen,
   hast du geschaffen:
   die kleinen Bäche und die großen Flüsse
   und das Meer,
   die Berge und die Hügel,
   die Wiesen mit ihren Gräsern und Blumen,
   den Wald mit seinen Bäumen.
   Du lässt das Gras wachsen,
   damit das Vieh satt wird,

du lässt das Getreide wachsen,
damit wir Menschen zu essen haben.
Alles, was wir zum Leben brauchen,
haben wir von dir.

3. Mein ganzes Leben lang
   will ich dem Herrn singen.
   Solange ich atme,
   will ich Gott loben und danken.
   Ich wünsche mir so sehr,
   dass Gott sich über mein Lied,
   über mein Loben und Danken freut.

Nach Psalm 104

Fürbitten

Guter Gott,
wir sagen dir unsere Bitten:

- Deine Welt ist voller Wunder. Hilf uns, dass wir sorgsam mit Pflanzen und Tieren umgehen.
- In einem kleinen Sonnenblumenkern steckt ganz viel Kraft. Eine neue, große Blume kann aus ihm wachsen. Lass uns an dieses Wunder denken, wenn wir das nächste Mal eine Sonnenblume sehen.
- Sonnenblumen erinnern uns an die Sonne, die Freude schenkt. Lass uns selber wie Sonnenblumen sein und anderen Menschen eine Freude bereiten.
- Wir bitten für alle Menschen, die das Staunen verlernt haben. Öffne ihnen Augen und Ohren für die kleinen Wunder, die täglich im Leben geschehen.

Wir glauben, dass unsere Bitten von dir angenommen werden.
Gib uns die Kraft, selbst wie ein Sonnenblumenkern zu sein, in dem so viel Energie steckt. Amen.

Vaterunser

Gebet

Guter Gott,
wir haben uns die Sonnenblumen angeschaut.
Sie sind eines deiner vielen Natur-Wunder:
Aus einem kleinen Kern wächst eine große Blume.
Die Sonnenblumen erinnern uns an die Sonne,
die Licht und Wärme schenkt.

Wir danken dir,
dass du unsere Welt so schön erschaffen hast!
Amen.

Segen

Lied
Du gabst mir Augen (Nr. 5)

Aktion
Die Sonnenblumenkerne können zum Abschluss an die Kinder verteilt werden mit dem Hinweis, sie im nächsten Frühling in die Erde zu stecken.

Im Oktober (Franziskus)

Franziskus singt ein Lied

Vorüberlegungen

Am 4. Oktober ist der Gedenktag des hl. Franz von Assisi. Sein überlieferter Sonnengesang bietet sich auch an, um mit Kindern über die Schönheit unserer Schöpfung nachzudenken. Für die Anschauung wird mit den Kindern die Schöpfung als Bild gelegt. In der Einladung zum Gottesdienst werden die Kinder aufgefordert, ein Stofftier mitzubringen.

Materialien

- Bäume, Sonne, Mond, Sterne, Wolke, Blumen, Feuer – jeweils aus Tonpapier geschnitten
- Jeweils ein braunes, grünes und blaues Tuch für Erde, Wiese und Wasser
- Die Figur des Franziskus (dafür kopiert man am besten aus einem Bilderbuch eine Franziskus-Figur, klebt sie auf Pappe und verstärkt sie so, dass sie stehen kann)

Lied

Du hast uns deine Welt geschenkt (U 14)

Kreuzzeichen

Gebet

Guter Gott,
wir sind hier alle zusammengekommen.
Wir sind schon ganz gespannt,
warum wir alle ein Stofftier von zu Hause mitbringen sollten.
Viele Kinder sitzen hier mit ihren Eltern und Geschwistern.
Wir danken dir, dass wir uns hier alle versammeln können.
Amen.

Anschauung

Die Kinder sitzen mit ihren Stofftieren im Kreis.
Gl. bittet die Kinder, nacheinander ihre Tiere vorzustellen und sie in die Mitte zu

legen. Sind es sehr viele Kinder, so kann dieser Schritt verkürzt werden, indem die verschiedenen Tierarten (alle Bären, Mäuse ...) gemeinsam in die Mitte gelegt werden.

Jetzt haben wir ganz viele verschiedene Tiere hier in unserer Mitte. Ihr mögt eure Tiere bestimmt alle sehr gerne, oder? – Vor vielen Jahren, nämlich ungefähr vor 800 Jahren, lebte ein Mann, der auch die Tiere sehr gern mochte. Dieser Mann hieß Franziskus.

Gl. stellt die Franziskus-Figur zu den Tieren.

Am liebsten hielt sich Franziskus draußen in der Natur auf. Er liebte die Wälder...

Gl. legt die Bäume auf den Boden.

... die Sonne ...

Gl. legt die Sonne auf den Boden.

Was, meint ihr, hat er draußen in der Natur noch alles gemocht?

Kinder zählen auf: Wind, Wolken, Wasser, Sonne, Blumen, Wiesen ...

Gl. legt die entsprechenden, vorbereiteten Dinge mit auf den Boden, so dass eine Landschaft entsteht, in die die Tiere natürlich mit eingebunden werden können (am Fluss können Tiere trinken, auf der Wiese können sie grasen, auf den Bäumen sitzen ...).

Er liebte alle Dinge, besonders aber die Tiere. Und weil er sie so gerne mochte, kannte er von allen Tieren die Stimmen. Ihr kennt bestimmt auch von vielen Tieren die Tierstimmen?

Gl. greift einige von den Tieren in der Mitte auf, und die Kinder ahmen die entsprechenden Tierstimmen nach.

Franziskus kannte aber noch mehr Stimmen der Natur. Er kannte z.B. die Stimme des Windes.

Kinder heulen wie der Wind.

Die Kinder zählen noch mehrere Dinge auf und ahmen die Geräusche nach: Regen, Wasser, Feuer ...

So ist die ganze Natur voller Stimmen, sie ist wie eine Musik. Franziskus hat sich dazu ein Lied ausgedacht. Es heißt der „Sonnengesang" und beschreibt, wie schön Gott diese Erde geschaffen hat.

Lied
Laudato si (Tr 141)

Biblischer Text
Der allererste Text in der Bibel, er erzählt auch davon, wie schön Gott unsere Erde geschaffen hat.

Während der Text vorgelesen wird, zeigt Gl. immer auf die entsprechenden Dinge
der selbst gebauten Landschaft.

„Am Anfang hat Gott den Himmel und die Erde erschaffen.
Die Erde war aber noch leer und dunkel.
Gott rief: ‚Licht!' Da wurde es hell.
Gott machte den blauen Himmel und die Wolken.
Gott sagte: Auf dieser Seite soll das Meer sein. Und dort das Land.
Auf dem Land sollen Bäume wachsen und Pflanzen und Blumen.
Gott machte die Sonne für den Tag.
Er machte für die Nacht den Mond und die Sterne.
Gott machte die Fische, die im Wasser schwimmen,
die kleinen und die großen.
Er machte auch die Vögel, die über die Erde fliegen.
Gott machte alle Tiere, die auf dem Lande leben.
Zuletzt machte er die Menschen.
Gott sah alles an, was er erschaffen hatte.
Und er sah: Es war alles sehr gut."

Nach Gen 1

Fürbitten

Guter Gott,
wir bringen dir unsere Bitten:

- Du hast alles gut geschaffen. Lass uns sorgsam mit deiner Schöpfung umgehen und sie bewahren.
- Unsere Erde hat Platz für uns alle. Hilf uns, sie mit anderen zu teilen und in Frieden darauf zu leben.
- Die Tiere, die Pflanzen, wir Menschen – alle sind wir Teil deiner Schöpfung. Lass uns wie Franziskus immer wieder daran Freude finden.
- Oft gehen wir an der Schönheit deiner Schöpfung achtlos vorbei. Öffne unsere Augen, dass wir immer wieder die Wunder unserer Erde entdecken.

Du hast uns deine Welt anvertraut, dass wir sorgsam mit ihr umgehen. Führe uns auf diesem Weg.
Amen.

Vaterunser

Gebet

Guter Gott,
wir haben heute von Franziskus gehört.
Er kannte die Stimmen der Natur,
weil er sich dort zu Hause fühlte.
Sonne, Regen, Wind und Feuer,
Pflanzen und Tiere,
alles gehörte für ihn zusammen.
Er lobte die gesamte Schöpfung in seinem Lied.
Wir danken dir wie Franziskus,
dass du uns diese Welt mit ihren vielen Wundern geschenkt hast.
Amen.

Segen

Lied

Du gabst mir Augen (Nr. 5)

Alles muss klein beginnen

Vorüberlegungen
Brot gehört zu unseren elementaren Lebensmitteln. Vielen Kindern ist jedoch nicht bewusst, wie Brot entsteht. In diesem Gottesdienst zu Erntedank wird auf die Entstehung des Brotes eingegangen. Die Kinder erleben, wie aus einem kleinen Korn eine Ähre, später daraus Mehl und anschließend das Brot wird. Dabei ist es nahe liegend, zum Schluss das Brot zu teilen.

Materialien
- Ein Strauß Ähren
- Eine Schale mit Weizenkörnern
- Eine Schale mit Mehl
- Brot (Am schönsten ist es natürlich, wenn dieses von einer Mutter selbst gebacken ist. Nach Möglichkeit sollte es so beschaffen sein, dass man sich davon etwas abbrechen kann – Fladenbrot eignet sich besonders.)

Lied
Du hast uns deine Welt geschenkt (U 14)

Kreuzzeichen

Gebet
Guter Gott,
wir haben gerade gesungen:
Du hast uns deine Welt geschenkt.
Heute, am Erntedankfest, wollen wir dir dafür besonders danken.
Wir danken dir dafür, dass wir auf dieser Erde leben dürfen
und dass wir immer genug zu essen haben.
Amen.

Betrachtung
Die Kinder sitzen im Kreis auf dem Boden. In die Mitte wird der Strauß Ähren gestellt. Gl. betrachtet mit den Kindern die Ähren.
Was ist das? – Wo können wir so etwas sehen? – Was steckt darin?

Die Schale mit den Körnern wird dazugestellt.
Kennt ihr solche Körner? – Was könnte das sein? – Was macht man damit?
Die Schale mit Mehl wird daneben gestellt.
Aus den Körnern wird Mehl. Wie wird denn Mehl daraus? – Was kann man aus Mehl alles machen?
Nun wird das Brot dazugelegt.
Aus Mehl wird Brot. Was braucht man dazu noch alles?

Lied
Alles muss klein beginnen (Nr. 1)

Bewegungsspiel
Gl. fordert die Kinder auf, zusammen zu spielen, wie aus den Weizenkörnern Brot wird, und macht dabei die Bewegungen vor.

- Der Bauer streut die Körner auf das Feld. *(Mit den Händen Streubewegungen ausführen.)*
- Die Körner liegen still in der Erde. *(Zusammengehockt auf dem Boden liegen.)*
- Die Sonne scheint. Warmer Regen fällt auf die Erde. Aus den Körnern wächst ein kleiner Spross empor. *(Langsam mit dem Oberkörper nach oben kommen.)*
- Der Wind bewegt die Halme auf dem Feld. *(Mit dem Oberkörper schwingen.)*
- Jetzt sind die Halme groß geworden. Viele Körner sind in der prallen Ähre gewachsen. *(Aufrecht stehen. Arme nach oben zur Ähre halten.)*
- Zur Erntezeit kommt der Bauer und mäht das Korn. *(Wie mit einer Sichel das Korn schneiden.)*
- Die Weizenkörner kommen in einen großen Sack und werden zur Mühle gebracht. *(Getreidesack schultern.)*
- In der Mühle werden die Körner zu Mehl gemahlen. *(Mit beiden Händen Mahlbewegungen ausführen.)*
- Aus dem Mehl bereitet der Bäcker den Teig zu. *(Mit den Händen Teig rühren und kneten.)*
- Zum Schluss holt er das frische Brot aus dem Ofen. *(Gl. zeigt das gebackene Brot.)*

Lied
Alles muss klein beginnen (Nr. 1)

Evangelium
Jesus verglich einmal das große Reich Gottes mit einem Brot, das sich auch aus vielen kleinen Körnern zusammensetzt. Er sagte:

„Mit dem Reich Gottes ist es so, wie wenn ein Mann Samen auf seinen Acker sät; dann schläft er und steht wieder auf, es wird Nacht und es wird Tag, der Samen keimt und wächst, und der Mann weiß nicht, wie. Die Erde bringt von selbst ihre Frucht, zuerst den Halm, dann die Ähre, dann das volle Korn in der Ähre. Sobald aber die Frucht reif ist, legt er ihr die Sichel an; denn die Zeit für die Ernte ist da."

Mk 4,26–29

Danksagung

Ähren, Körner, Mehl und Brot werden jeweils zu der entsprechenden Passage nach vorne auf den Altar gestellt. Danach folgt jeweils der Liedruf: „Dankt dem Herrn für seine Gaben!" (Nr. 2)

Guter Gott, wir bringen jetzt die Gaben zum Altar. Du hast uns auch dieses Jahr wieder reich beschenkt. Dafür wollen wir dir Danke sagen:

Es hat eine gute Ernte gegeben. Der Bauer konnte genug Ähren schneiden.
Liedruf: „Dankt dem Herrn für seine Gaben!"

Das Korn ist so klein, und doch können wir so viel damit machen.
Liedruf: „Dankt dem Herrn für seine Gaben!"

Aus dem Mehl können wir nicht nur Brot backen, sondern noch viele andere Dinge, wie Kuchen und Plätzchen.
Liedruf: „Dankt dem Herrn für seine Gaben!"

Wir haben immer genug Brot zu essen. Sei du bei uns, wenn wir das Brot jetzt miteinander teilen.
Liedruf: „Dankt dem Herrn für seine Gaben!"

Wir bitten dich: Lass uns immer daran denken, dass wir von unserem Reichtum denen abgeben, die nicht so viel haben wie wir.
Amen.

Brot teilen

Das Brot wird unter die Kinder und Erwachsenen verteilt. Schön ist es, wenn das Brot weitergegeben wird und sich jeder etwas abbrechen kann.

Vaterunser

Gebet
Guter Gott,
wir haben miteinander das Brot geteilt.
Es hat uns gut geschmeckt.
Wir danken dir dafür.
Amen.

Segen

Lied
Guter Gott, wir feiern heut (Nr. 7)

Im November

Ich habe Angst – ich werde getröstet

Vorüberlegungen

Angst ist ein Gefühl, das im kindlichen Lebensalltag immer wieder eine Rolle spielt. In der Erzählung von Jesus und seinen Jüngern, die auf dem See Genezareth in einen heftigen Sturm geraten, verdichtet sich eine solche angstvolle Erfahrung. Gleichzeitig vermittelt sie jedoch Trost und Geborgenheit: Die Jünger sind nicht allein. Gott ist da und kann die Angst machenden Elemente wegnehmen.

Kinder erfahren in erster Linie bei ihren Eltern Geborgenheit und Trost. Darüber hinaus können sie jedoch erahnen, dass es noch jemanden gibt, der sie trägt. Der Gottesdienst ist so konzipiert, dass die Kinder selbst ein leicht mulmiges Gefühl wahrnehmen. Im Gegenzug sollen sie auch die Geborgenheit der Eltern bewusst erfahren. (Dabei sollte darauf geachtet werden, dass der Sturm für kleinere Kinder nicht zu dramatisch geschildert wird.)

Materialien

- Ein Teppich oder mehrere Decken, auf die sich die Kinder hinsetzen können (Der Teppich wird während des Gottesdienstes zum Boot, mit dem die Kinder selbst auf Fahrt gehen und so das Erleben der Jünger ansatzweise nachempfinden können.)
- Eine Flöte und Orff'sche Instrumente (Mit ihnen soll die Stimmung im Boot durch einen Erwachsenen verklanglicht werden.)

Lied

Wir feiern heut ein Fest (Tr 1047)

Kreuzzeichen

Gebet

Guter Gott,
wir sind hier in die Kirche zum Gottesdienst gekommen.
Viele Kinder sitzen mit ihren Eltern im Kreis.
Manche Kinder kenne ich aus dem Kindergarten oder der Schule,

andere sind mir noch unbekannt.
Ich fühle mich wohl in unserer Kirche.
Hier kann ich dir, Gott, alles sagen:
worüber ich mich freue,
und auch die Sachen, die mich ärgern,
oder die mir Angst machen.
Dafür danke ich dir.
Amen.

Aktion

In der Mitte liegen die Teppiche oder Decken.
Gl.: Was könnte das wohl sein?
Kinder antworten: ...
Wenn klar geworden ist, dass es sich bei dem Teppich bzw. der Decke um ein Boot handeln soll, werden die Kinder eingeladen, im Boot Platz zu nehmen.
Gl.: Wir werden heute eine Bootstour über einen großen See machen. Das Wetter ist schön, die Sonne scheint, der See sieht herrlich aus. Ganz gemütlich fahren wir dahin. Vögel ziehen über uns ihre Runden. Schillernde Fische schwimmen in dem klaren Wasser.
Währenddessen ruhige, friedliche Musik auf dem Glockenspiel oder auf der Flöte spielen.
Doch plötzlich erscheinen Wolken am Horizont. Noch sind sie ganz weit weg, aber sie kommen näher. Es wird kühler. Wir beginnen zu frösteln. Ein Wind kommt auf. Er wird immer stärker. Das Boot fängt an zu schaukeln. Der Wind wird ein richtiger Sturm. Da schwappt Wasser ins Boot. Hoffentlich kippt das Boot nicht um! Was sollen wir jetzt nur machen?
Währenddessen mit Orff'schen Instrumenten Windgeräusche und Spannung erzeugen.
Was würdet ihr jetzt am liebsten machen?
Kinder: Getröstet werden, Rettungshubschrauber soll kommen, umarmt werden, bei den Eltern auf den Schoß krabbeln ...
Gl. schickt die Kinder zu den Eltern, um sich trösten zu lassen.
Gl.: Jetzt fühlen wir uns wieder wohl. Wir sind geborgen. Hier kann uns nichts geschehen.

Lied

Hab keine Angst, 1. u. 2. Str. (Nr. 8)

Evangelium

Das, was wir eben gespielt haben, haben auch die Jünger Jesu erlebt. Hört einmal zu, was die Bibel erzählt:

„Jesus sagte zu seinen Jüngern: Wir wollen ans andere Ufer hinüberfahren. Sie setzten sich in ein Boot und fuhren los. Plötzlich kam ein heftiger Wirbelsturm auf, und die Wellen schlugen in das Boot. Jesus aber lag hinten im Boot auf einem Kissen und schlief. Die Jünger weckten ihn und riefen: Jesus, kümmert es dich nicht, dass wir untergehen? Da stand Jesus auf, drohte dem Wind und sagte zu dem See: Schweig, sei still! Und der Wind beruhigte sich, und es trat völlige Stille ein. Jesus sagte zu seinen Jüngern: Warum habt ihr solche Angst? Ich bin doch bei euch."

Mk 4,35–40

Lied

Hab keine Angst, 4. Str. (Nr. 8)

Fürbitten

Nach jeder Fürbitte wird wiederholt: Sei du bei uns in unserer Angst.

Guter Gott, dir bringen wir unsere Bitten:

- Wenn unsere Eltern nicht bei uns sind, haben wir manchmal Angst.
  Sei du bei uns ...
- Wenn es draußen blitzt und donnert, bekommen wir manchmal Angst.
  Sei du bei uns ...
- Wenn es dunkel ist und wir nichts mehr sehen können, haben wir manchmal Angst.
  Sei du bei uns ...
- Manchmal haben wir Angst und wissen gar nicht, warum.
  Sei du bei uns ...

Guter Gott, wir glauben, dass du bei uns bist und uns nicht alleine lässt.
Amen.

Vaterunser

Gebet

Guter Gott, manchmal haben wir Angst,
so wie die Jünger, deine Freunde.
Zum Glück sind wir nicht allein.

Wir wissen, dass du immer bei uns bist.
Das ist schön.
Wir danken dir dafür.
Amen.

Segen

Lied
Das wünsch ich sehr (U10)

Im November (St. Martin)

St. Martin

Vorüberlegungen

Zu diesem Gottesdienst können die Kinder ihre Laternen mitbringen. Daher eignet sich dieser Gottesdienst besonders für die Abendstunden, wenn es schon dämmert oder dunkel ist, damit die Laternen auch richtig zur Geltung kommen.

Das kurze Anspiel sollte von älteren Kindern oder zwei Erwachsenen eingeübt werden. Eventuell bietet sich auch an, mit dem Anspiel im Freien zu beginnen. In der Dunkelheit wirkt das Gespräch zwischen Martin und dem Bettler sehr beeindruckend auf die Kinder.

Es ist schön, nach dem Gottesdienst „leibhaftig" zu teilen. Das können selbst gebackene Brötchen oder Wecken sein. Ein Kinderpunsch wärmt zusätzlich von innen. (Für zwölf Kinder braucht man: 2 l Apfelsaft, 2 EL Honig, 1 Stange Zimt, 1 Gewürznelke und zwei EL frisch gepressten Orangensaft. Alles in einen Topf geben und erwärmen. Der Punsch sollte nicht kochen.) Vielleicht wird sogar ein kleiner Laternenumzug organisiert.

Materialien
- Soldatenhelm
- Schwert
- Ein Stück roter Stoff als Mantel
- Evtl. ein Steckenpferd
- Hut für den Bettler

Lied
Gott ist mitten unter uns (U 35)

Kreuzzeichen

Gebet
Guter Gott,
morgens ist es jetzt noch lange dunkel,
und abends geht die Sonne schon sehr früh wieder unter.
Wir müssen viele Lampen anschalten, damit wir etwas sehen können.

Heute haben wir besondere Lampen mitgebracht:
unsere Laternen.
Sie leuchten besonders schön am Abend
und in der Nacht.
Wir freuen uns,
wenn wir mit unseren Laternen herumziehen können.
Amen.

Gespräch

Gl. bewundert die Laternen der Kinder.
Gl.: An wen erinnern uns denn die Laternen?
Kinder: St. Martin.
Gl. erklärt, dass Martin ein Soldat war.

Anspiel

Bettler sitzt am Boden.
Bettler: Hallo, ist da jemand? Hilfe!
Martin kommt „angeritten".
Hilfe, wer kann mir helfen?
Martin: Was ist denn los? Warum schreist du so laut?
Bettler: Ich friere so sehr! Mir ist so kalt!
Martin: Ja, meinst du, ich friere nicht?
Bettler: Aber du hast so einen großen Mantel!
Martin: Stimmt! Aber warum hast du denn auch so wenig angezogen?
Bettler: Ich habe kein Geld, um mir etwas Warmes zum Anziehen zu kaufen.
Martin: Ich habe auch nur den einen Mantel, den brauche ich selbst.
Martin überlegt.
Oder, warte. Ich teile meinen Mantel durch.
Martin teilt mit dem Schwert den Mantel.
Bettler: Oh, danke. Du bist ein guter Mann!
Martin reitet davon.

Lied

St. Martin, St. Martin ritt durch Schnee und Wind (z.B. in U unter „Martin Niko-laus")

Gespräch

Martin hat geteilt. Ist ihm das schwer gefallen? – Er hat nach dem Teilen doch viel weniger für sich gehabt!
...

Doch Martin hat eines gemerkt: Teilen macht froh – die Freude hat Martin hinzubekommen!

...

Kennt ihr das auch, habt ihr auch schon einmal geteilt und seid dadurch froh geworden?

Biblischer Text

Martin hat so gehandelt, wie Jesus es uns gesagt hat:

„Wenn jemand hungrig ist, sollt ihr ihm zu essen geben.
Wenn jemand durstig ist, sollt ihr ... *(Kinder antworten lassen)*
Wenn jemand friert, sollt ihr ...
Wenn jemand krank ist, sollt ihr ...
Wenn jemand traurig ist, sollt ihr ..."

Nach Mt 25,35–36

Lied

Tragt in die Welt nun ein Licht (U 85)

Fürbitten

Guter Gott,
wir bringen dir unsere Bitten:

- St. Martin hat seinen Mantel mit dem Bettler geteilt. Lass auch uns manche
  Dinge mit anderen teilen.
- Es gibt viele Menschen, denen es nicht so gut geht wie uns. Lass uns sie nicht
  vergessen und ihnen von unserem Reichtum abgeben.
- Der Bettler war sehr froh, als Martin mit ihm geteilt hat. Aber auch Martin ist
  durch das Teilen froh geworden. Lass uns nicht vergessen, dass wir durch das
  Teilen nicht weniger haben, sondern dadurch die Freude hinzubekommen.
- Unsere Laternen leuchten schön und bunt. Lass uns mit ihrem Licht anderen
  Menschen eine Freude bereiten.

Martin zeigt uns, wie einfach es ist, zu teilen. Lass uns oft daran denken.
Amen.

Vaterunser

Gebet

Guter Gott,
wir haben heute vom hl. Martin gehört,
wie er mit dem Bettler seinen Mantel geteilt hat.

Unsere Laternen erinnern an den Mann,
der viel Gutes getan hat.
Mit den Laternen können wir hinausgehen
und andere Menschen glücklich machen.
Amen.

Segen

Lied
Tragt in die Welt nun ein Licht (U 85)

Im Dezember (Advent)

Bald schon ist Weihnachten

Vorüberlegungen

Das Aufstellen der Krippe und der Krippenfiguren, das gehört unweigerlich zu den Vorbereitungen auf Weihnachten dazu. Oftmals wissen die Kinder aber gar nicht den Grund, warum sich Maria und Josef auf den Weg von Nazareth nach Bethlehem machen mussten. Ganz bewusst werden in diesem Gottesdienst die Krippenfiguren schon vor dem Heiligen Abend angeschaut und aufgestellt. Für die Kinder ist es so möglich, in Ruhe – vor dem Rummel von Weihnachten – die Geschichte zu erleben.

Materialien

- Großer Korb
- Braune Tücher
- Stall
- Krippenfiguren (wie Maria, Josef, Hirten, Könige, Ochse, Esel, Schafe, Kamele, evtl. auch verschiedene andere Tiere, aber kein Jesuskind)

Lied

Wir sagen euch an den lieben Advent

Kreuzzeichen

Gebet

Guter Gott,
heute Morgen haben wir
die erste (zweite, dritte oder vierte) Kerze am Adventskranz angezündet.
Es dauert jetzt nicht mehr lange,
dann feiern wir Weihnachten.
Zu Hause bereiten wir schon viele Dinge
für das Fest vor:
Viele von uns haben schon Plätzchen gebacken,
Sterne gebastelt und die Fenster geschmückt.
Wir freuen uns auf Weihnachten.
Amen.

Katechese

Die Kinder sitzen auf dem Boden im Kreis.
Gl. stellt einen großen Korb in die Mitte, der mit einem Tuch verdeckt ist.
Die Kinder raten, was sich darin befinden könnte. – Gl. verrät jedoch nicht den Inhalt, selbst wenn er schon genannt werden sollte.
Gl. zieht aus dem Korb die braunen Tücher hervor und gestaltet sie als Weg auf dem Boden.
Was können wir hier sehen? – Was könnte das sein?
Kinder benennen den Weg.
Wer von euch ist heute Morgen denn schon einen Weg gegangen?
Kinder erzählen vom Weg zur Kirche, zu den Nachbarn, zur Oma ... Und was war am Ende des Weges? – Als ihr bei eurem Ziel angekommen seid?
Kinder nennen ein Haus, eine Tür ...
Gl. stellt daraufhin den Stall an das Ende des Weges.
Wir haben also einen Weg und ein Haus am Ende des Weges. Was fehlt denn jetzt noch?
Kinder nennen Menschen, die auf diesem Weg gehen.
Gl. stellt Maria und Josef auf den Weg.
Wer könnte das sein? – Warum habe ich sie gerade hier hingestellt?
Kinder nennen den Zusammenhang mit Weihnachten.
Was haben denn Maria und Josef mit Weihnachten zu tun? – Was feiern wir denn an Weihnachten?
Kinder überlegen, was das Weihnachtsfest bedeutet.
Ja, Maria war schwanger, sie hatte einen dicken Bauch, so wie die Mutter von N. (evtl. auf eine schwangere Mutter verweisen). Und jetzt stehen die beiden auf unserem Weg. Wer kann sich denken, warum sie hier stehen?

Lied

Macht die Türen auf, 1. Str. (U 70)

Biblischer Text

Warum Maria und Josef einen weiten Weg gehen mussten – obwohl Maria schwanger war und sich eigentlich gar nicht mehr so gut bewegen konnte –, das möchte ich euch jetzt aus der Bibel vorlesen:

„Vor 2000 Jahren regierte in Palästina, das ist das Land in dem Jesus gelebt hat, der Kaiser Augustus. Er wollte wissen, wie viele Menschen in seinem Reich lebten. Deshalb erließ er einen Befehl: Alle Bewohner seines Reiches sollten sich in Listen eintragen lassen. Jeder sollte an den Ort gehen, in dem er geboren worden war, und sich dort in eine Liste einschreiben lassen. Josef wohnte in Nazaret, er war aber in Bethlehem geboren worden. Deshalb musste er mit seiner Frau Maria den weiten Weg von Nazareth nach Bethlehem gehen. Maria aber war schwanger und erwartete bald ihr Kind."

Nach Lk 2,1–5

Katechese

Ja, nun haben wir erfahren, warum Maria und Josef einen weiten Weg vor sich hatten. Am Ende des Weges werden sie in Bethlehem ankommen. Und wer weiß, was dann passiert?
Kinder erzählen von der Geburt Jesu.
Am Ende der Adventszeit – zu Weihnachten – werden Maria und Josef dort in dem Stall angekommen sein. Aber es gab noch andere Menschen, die auf dem Weg zum Stall, auf dem Weg zur Krippe waren. Denkt einmal an eure Krippen zu Hause, wer gehört noch dazu?
Kinder zählen verschiedene Krippenfiguren auf – sie werden nacheinander auf den Weg gestellt.
Jetzt haben wir viele verschiedene Menschen und Tiere, die unterwegs zur Krippe sind, hier aufgestellt. Alle freuen sich und sind gespannt auf das Fest von Weihnachten.

Lied
Macht die Türen auf, 2. u. 3. Str. (U 70)

Fürbitten
Guter Gott, wir wollen dir unsere Bitten sagen:

- Wir bereiten uns auf Weihnachten vor: Wir backen Plätzchen und basteln Weihnachtsschmuck. Hilf uns, diese Dinge mit viel Zeit zu tun, damit wir uns an ihnen erfreuen.
- Maria und Josef sind einen weiten Weg bis zur Krippe gegangen. Für uns ist die Adventszeit ein Weg, der uns jeden Tag näher an Weihnachten heranbringt. Lass uns auf diesem Weg immer wieder bewusst Zeiten finden, in denen wir nicht der üblichen Weihnachtshektik verfallen.
- In wenigen Tagen feiern wir Weihnachten. Wir freuen uns schon sehr darauf. Lass uns inmitten der vielen Geschenke nicht vergessen, dass wir eigentlich den Geburtstag von Jesus feiern.
- Die meisten Menschen werden Weihnachten in ihrer Familie feiern. Es gibt aber auch viele Menschen, die sich gerade an diesem Tag sehr allein fühlen. Lass uns besonders an sie denken.

Guter Gott,
wir glauben, dass du uns auch auf dem Weg durch die Adventszeit begleitest. Wir danken dir dafür.
Amen.

Vaterunser

Gebet

Guter Gott,
viele Menschen und Tiere sind auf dem Weg zur Krippe.
Sie alle sind voller Freude und großer Erwartung.
Sie alle freuen sich auf das Wunderbare, das im Stall passiert ist.
Auch wir sind auf dem Weg zur Krippe.
Auch wir freuen uns auf Weihnachten.
Wir danken dir, dass wir dieses Fest feiern dürfen.
Amen.

Segen

Lied

Halte zu mir, guter Gott (U 39)

Bischof Nikolaus

Vorüberlegungen

Zu welchem Zeitpunkt „Nikolaus" in seinem Bischofsgewand auftritt, wird überall anders gehandhabt. Entweder sollte er sich von Anfang an in seinem Gewand im Gottesdienstraum aufhalten, alternativ bietet es sich aber auch an, dass er sich das Gewand (einschließlich Mitra und Bischofsstab) erst bei seiner Vorstellung vor den Kindern anzieht.

Das Anspiel kann von älteren Kindern oder Erwachsenen eingeübt werden. Als Personen sind ein Bäcker, ein Müller, ein Bauer und ein Kapitän vorgesehen. Ein paar Requisiten für die jeweiligen Akteure erhöhen den Spielwert.

Materialien

- Bischofsgewand
- Mitra
- Bischofsstab
- Evtl. Requisiten für Bäcker, Müller, Bauer, Kapitän
- Kornsäcke

Lied

Lasst uns froh und munter sein

Kreuzzeichen

Gebet

Guter Gott,
wir sind schon ganz aufgeregt.
In xx (entsprechende Zahl einfügen) Tagen feiern wir das Nikolaus-Fest!
Wir stellen unsere Schuhe vor die Tür –
und vielleicht ist am nächsten Morgen etwas drin!
Wir freuen uns schon sehr!
Dafür danken wir dir!
Amen.

Gespräch

Gl. stellt im Gespräch mit den Kindern den Bischof Nikolaus vor:
Wer ist das?
Wer weiß etwas über den Nikolaus, der vor vielen Jahren lebte? (Bischof in Myra, lebte vor über 1500 Jahren, galt als Freund der Kinder)
Gl. erklärt den Bischofsstab, die Bischofsmütze und das rote Gewand.

Lied

Sei gegrüßt, lieber Nikolaus, 1. Str. (U 83)

Spiel

Die Personen sollten sich über den gesamten Gottesdienstraum verteilen, damit Gl. mit den Kindern einen richtigen Ortswechsel hat.

Gl. fordert die Kinder auf, mit ihm zusammen etwas zu spielen.
Gl.: Wir sind ganz viele Menschen. Wir haben Hunger. Wir haben kein Brot zu essen. Wo gehen wir dann am besten hin?
Gl. geht mit den Kindern zum Bäcker.
Kinder: Bäcker, wir haben Hunger. Wir brauchen Brot zum Essen!
Bäcker: Ich kann euch nichts geben. Der Müller hat mir kein Mehl geliefert, also konnte ich auch nichts backen. Geht doch zum Müller und fragt da nach.
Gl. geht mit den Kindern zum Müller.
Kinder: Müller, der Bäcker hat kein Mehl und kann kein Brot backen. Wir aber haben Hunger!
Müller: Ich habe kein Korn, um daraus Mehl zu mahlen. Der Bauer hat mir nichts geliefert. Geht doch zum Bauern und fragt dort nach.
Gl. geht mit den Kindern zum Bauern.
Kinder: Bauer, der Müller hat kein Korn von dir bekommen und konnte kein Mehl mahlen. Der Bäcker konnte kein Brot backen. Aber wir haben Hunger!
Bauer: Ich habe dieses Jahr nichts ernten können. Es war zu heiß, und das Korn konnte nicht wachsen. Aber geht doch mal zum Hafen. Dort hat heute Morgen ein großes Schiff angelegt. Vielleicht können die euch dort helfen.
Gl. geht mit den Kindern zum Kapitän.
Kinder: Wir haben Hunger. Wir brauchen Korn, um daraus Brot zu backen. Kannst du uns helfen?
Kapitän: Das Korn auf meinem Schiff ist für den König bestimmt. Ich kann davon auf gar keinen Fall etwas abgeben.
Gl. geht mit den Kindern zu Bischof Nikolaus.
Kinder: Bischof Nikolaus, wir haben Hunger und niemand kann uns helfen. Kannst du nicht einmal mit dem Kapitän reden? Er hat viel Korn auf seinem

Schiff. Das könnte uns alle retten.

Bischof Nikolaus redet mit dem Kapitän.

Bischof Nikolaus: Ich bitte Euch, gebt diesen Menschen von Eurem Korn etwas ab. Sie müssen sonst verhungern.

Kapitän: Ich darf davon nichts weggeben. Es ist alles für den König bestimmt. Ich bekomme Ärger, wenn hinterher etwas davon fehlt.

Bischof Nikolaus: Ich verspreche Euch, es wird hinterher nichts von dem Korn fehlen.

Kapitän: Na, gut, wenn du mir das versprechen kannst ...

Gl. nimmt mit den Kindern die Kornsäcke in Empfang und bedankt sich erst bei dem Kapitän und bei Bischof Nikolaus.

Gl. und Kinder: Vielen, vielen Dank! Jetzt kann der Müller wieder Mehl mahlen und der Bäcker wieder Brot backen. Für den Bauern bleibt auch noch genug Korn zum Säen übrig. Danke!

Lied

Sei gegrüßt, lieber Nikolaus, 3. u. 4. Str. (U 83)

Biblischer Text

Bischof Nikolaus hat gesehen, dass die Menschen in Not waren.
Das war ihm nicht egal, sondern er hat sich um sie gekümmert.
Er hat mit dem Kapitän so lange geredet,
bis dieser von seinem Korn etwas abgegeben hat.
Bischof Nikolaus hat noch viele andere gute Dinge getan.
Er hat so gehandelt, wie Jesus es uns gesagt hat:

„Wenn jemand hungrig ist, sollt ihr ihm zu essen geben.
Wenn jemand durstig ist, sollt ihr ihm zu trinken geben.
Wenn jemand friert, sollt ihr ihm Kleidung geben.
Wenn jemand krank ist, sollt ihr ihn besuchen.
Wenn jemand traurig ist, sollt ihr ihn trösten."

Nach Mt 25,35–36

Fürbitten

Guter Gott,
wir bringen dir unsere Bitten:

- Bischof Nikolaus hat anderen Menschen in Not geholfen. Lass uns nicht übersehen, wo wir anderen helfen können.
- Bischof Nikolaus hat den Menschen zugehört. Hilf uns, dass auch wir zuhören, wenn andere Menschen von sich erzählen.

- Bischof Nikolaus hat viel Freude bereitet. Auch wir können andere Menschen erfreuen. Manchmal genügt schon ein Lachen! Hilf uns dabei.

Du hast alle unsere Bitten gehört. Wir glauben, dass sie bei dir gut aufgehoben sind.
Amen.

Vaterunser

Gebet
Guter Gott,
wir haben viel von Bischof Nikolaus gehört.
Er war ein guter Mann und hat anderen Menschen oft geholfen.
Vielen Menschen hat er so Freude bereitet.
Am Nikolaustag erinnern wir uns an den Bischof Nikolaus.
Wir freuen uns darüber
und können andere Menschen mit unserer Freude anstecken.
Amen.

Segen

Lied
Tragt in die Welt nun ein Licht (U 85)

Im Dezember (Advent)

Das Kleine wird groß

Vorüberlegungen

Im Mittelpunkt des Gottesdienstes steht die Geschichte „Der kleine Weihnachtsbaum", frei nach einer Erzählung von Masahiro Kasuya aus dem Friedrich Wittig
Verlag. Die Geschichte kann mit Stabfiguren wirkungsvoll dargestellt werden. Je
nach Größe des Raumes und nach der Anzahl der Kinder können die Figuren entweder auf Schaschlikspieße oder aber bei größeren Figuren auf Rundhölzer
geklebt werden. Die Figuren werden aus Fotokarton oder Wellpappe geschnitten.
Der Schneefall kann mit Wattebäuschen, die in Schnüren an einer weißen Wolke
aus Pappe hängen, angedeutet werden. Der kleine Tannenbaum wird von zwei
Seiten gestaltet: Die eine Seite ist grün, die andere Seite ist weiß und glitzernd
verziert. An der entsprechenden Stelle im Text wird er einfach umgedreht. Für
die Tiere, die zum Schluss zum Tannenbaum kommen, eignen sich alle Tiere des
Waldes.

Zum Abschluss des Gottesdienstes wird ein echter Tannenbaum von den Kindern
geschmückt. Schön ist es, wenn dieser Baum am Heiligen Abend ebenfalls an die
Krippe gestellt wird.

Materialien

- Verschiedene Tiere und Tannenbäume aus Pappe auf Schaschlikspieße oder
  Rundhölzer geklebt
- Wolke aus Pappe mit Schneeflocken
- Kleiner Tannenbaum aus Pappe auf Schaschlikspieß oder Rundholz geklebt
- Ein kleiner (echter!) Tannenbaum
- Für jedes Kind ein kleiner Stern zum Schmücken

Lied

Wir sagen euch an den lieben Advent

Kreuzzeichen

Gebet

Guter Gott,
bald ist Weihnachten.
Wir können es kaum noch erwarten,
bis wir endlich den Geburtstag von Jesus feiern.
Wir freuen uns schon sehr auf das Fest!
Dafür danken wir dir!
Amen.

Anspiel

Der kleine Weihnachtsbaum

Am Waldesrand stand auf einer Anhöhe eine Gruppe großer, sehr schön gewachsener Tannenbäume.
Mehrere große und der kleine Tannenbaum werden hochgehalten.
Sie waren sehr stolz, weil sie so groß geworden waren. Sie wussten, dass sie irgendwann in einem Haus als Weihnachtsbaum stehen würden. Manchmal blickten sie mitleidig auf einen kleinen Baum zwischen ihnen. „Für ihn wird es noch sehr lange dauern, bis er ein richtiger Weihnachtsbaum ist", dachten sie dann und streckten ihre Zweige noch ein wenig höher.
Dann war es so weit: Ein paar Tage vor Weihnachten wurden die Tannenbäume gefällt und aus dem Wald gebracht.
Die großen Tannenbäume fallen um und werden weggenommen.
Der kleine Tannenbaum blieb ganz alleine stehen.

Da kam eine kleine Waldmaus vorbeigelaufen.
Die kleine Maus wird gezeigt.
„Was machst du hier so allein?", fragte sie. „Du siehst so traurig aus."
„Ich bin zu klein", sagte der kleine Tannenbaum leise.
„Zu klein?", fragte die Maus verständnislos. „Warum zu klein?"
„Zu klein für Weihnachten", versuchte der Baum zu erklären. „Alle anderen Bäume sind abgeholzt worden und werden jetzt geschmückt werden. Und die Menschen werden sie anschauen und sich über sie freuen. Aber über mich freut sich niemand." Der kleine Baum fing an zu weinen.
„Ich kann dich verstehen. Ich bin auch klein. Ich kann auch manche Dinge nicht mit den anderen machen. Aber vielleicht kann ich dir helfen", sagte die kleine Maus. „Der große Hirsch ist mein Freund. Er hat mich schon oft getröstet, wenn ich Kummer hatte. Ich werde ihn holen."
Die kleine Maus wird weggenommen.

Zwischendurch hoppelte ein Hase vorbei.
Der Hase wird gezeigt.
Er wollte Weihnachten in der Stadt erleben. „Gehst du nicht feiern?", fragte der Hase den Tannenbaum. Aber bevor der Tannenbaum ihm etwas erklären konnte, war der Hase schon weitergehoppelt.
Der Hase wird weggenommen.

„Dahinten steht der kleine Baum", rief die Maus dem Hirsch zu. Zusammen kamen sie angelaufen.
Die Maus und der Hirsch werden gezeigt.
Der Hirsch war sehr überrascht. Er konnte sich nicht erinnern, dass er schon einmal so einen kleinen Baum gesehen hatte.
„Du bist wirklich klein, Tannenbaum", begann er zu reden, aber du brauchst nicht traurig zu sein. Vielleicht bist du nächstes Jahr groß genug, um dann gefällt zu werden. Und dieses Jahr können wir trotzdem schon Weihnachten feiern. Die kleine Maus und ich sind ja hier."
Die Worte des Hirsches taten dem kleinen Tannenbaum gut. Er beruhigte sich und schlief schnell ein. Auch die Maus und der Hirsch waren müde und schliefen bald ein.
Und während sie schliefen, begann es leise zu schneien.
Die Wolke mit den Schneeflocken wird hochgehalten und der kleine Tannenbaum wird umgedreht.

Dann kam der Morgen des Heiligen Abends. Der Schnee glänzte in der Sonne. Der kleine Tannenbaum sah wunderschön aus. So schön, als wenn er geschmückt wäre.
Als die kleine Maus und der Hirsch aufwachten, sahen sie sich an und begannen zu singen:

Lied
O Tannenbaum, 1. Str.

Das hörten alle anderen Tiere im Wald. Alle machten sich auf den Weg. Alle folgten der schönen Melodie.
Die verschiedenen Tiere werden um den Baum gehalten.
Alle kamen sie zum kleinen Tannenbaum.
Es war dunkel geworden. Die Sterne leuchteten vom Himmel herab, auf den Schnee und den kleinen Tannenbaum. Er war jetzt der schönste Tannenbaum der Welt.

Da hörte der kleine Tannenbaum die Stimme der kleinen Maus neben sich flüstern: „Du bist gar nicht zu klein für Weihnachten, lieber Tannenbaum – Jesus war ebenso klein wie du."
Da war der Tannenbaum glücklich.

Lied
Keiner ist zu klein (Nr. 11)

Biblischer Text
Der kleine Tannenbaum hat sich sehr klein gefühlt. Er hat geglaubt, dass er nie das Weihnachtsfest erleben könnte, weil er so klein war. Und doch war er später der allerschönste Baum. Er war etwas Besonderes geworden, obwohl er so klein war.
In der Bibel gibt es ein Lied, das Maria gesungen hat, als sie mit Jesus schwanger war. Darin heißt es:

„Gott hat Großes an mir getan,
und sein Name ist heilig.
Gute Taten wird er vollbringen:
Die Kleinen macht er groß,
und die, die Hunger haben, werden satt."

Nach Lk 1,49.51a.52b.53a

Aktion
Gl. zeigt den kleinen Tannenbaum und überlegt mit den Kindern, ihn zu schmücken.
Jedes Kind erhält einen Stern, den es an den kleinen Tannenbaum hängen kann.

Lied
O Tannenbaum, 1. Str.

Fürbitten
Guter Gott, wir wollen dir unsere Bitten sagen:

- In der Geschichte vom kleinen Weihnachtsbaum war der Tannenbaum zum Schluss der schönste Baum. Lass uns nicht vergessen, dass auch das Kleine etwas Besonderes ist.
- Die Maus hat gemerkt, dass der kleine Tannenbaum sehr traurig war. Sie ist nicht einfach weggelaufen, sondern sie hat sich um den Baum gekümmert, bis es ihm wieder besser ging. Auch wir können helfen, wenn es jemandem nicht gut geht. Hilf uns dabei.

- In ein paar Tagen werden wir das Weihnachtsfest feiern. Lass uns an die Menschen denken, die an diesem Tage nicht glücklich sein können.
- Maria hat schon vor der Geburt Jesu gespürt, dass Jesus ein ganz besonderer Mensch sein wird. Sie war voller Freude darüber. Wir bitten dich, lass auch uns die Weihnachtsfreude über die Geburt von Jesus spüren.

Wir haben dir unsere Bitten gesagt. Lass uns auch im Kleinen das Besondere sehen und Freude darüber empfinden. Amen.

Vaterunser

Gebet
Guter Gott,
das Weihnachtsfest ist nicht mehr weit.
Dann werden wir den Geburtstag von Jesus feiern.
Er ist als kleines Baby geboren worden.
Obwohl er noch so klein war, spürte Maria,
dass er ein ganz besonderer Mensch ist.
Wir danken dir dafür, dass du uns Jesus geschenkt hast.
Amen.

Segen

Lied
Ihr Kinderlein, kommet

Im Dezember (Advent)

Heute leuchten alle Sterne

Vorüberlegungen

Normalerweise werden Sterne von den Kindern gebastelt und aufgehängt. In diesem Gottesdienst spricht ein Stern zu den Kindern. Über ein kleines Anspiel werden die Kinder angesprochen, sich über die Vorbereitungen zum Weihnachtsfest Gedanken zu machen.

Materialien

● Ein gelber Stern aus Fotokarton, der an einem Stiel befestigt ist
● Ein blaues Betttuch, das als „Himmelsleinwand" gespannt werden kann
● Viele kleine Sterne (sollten der Anzahl der Kinder entsprechen) aus gelbem Fotokarton. Auf der Rückseite sollte doppelseitiges Klebeband befestigt sein, damit die Sterne später an den Himmel geklebt werden können.

Lied

Wir feiern heut ein Fest (Tr 1047)

Kreuzzeichen

Gebet

Guter Gott!
Wir haben gut geschlafen
und sind nun alle hier zusammengekommen.
In den letzten Tagen will es draußen
gar nicht mehr richtig hell werden.
Morgens geht die Sonne erst spät auf,
und abends wird es sehr früh dunkel.
Doch selbst wenn es draußen ganz dunkel wird,
können wir noch Lichter am Himmel entdecken:
den Mond und die Sterne.
Wir danken dir dafür,
dass du uns das Licht geschenkt hast.
Amen.

Anspiel

Gl. steht vor dem „Himmel" (blaues Betttuch). Der/die „SternsprecherIn" hockt dahinter und hält mit Hilfe des Stabes den Stern vor den Himmel.

Stern: Hallo, könnt ihr mich sehen? Hier, hier oben!

Gl.: Oh, wer bist du denn?

Stern: Ich? Ich bin doch der kleine Stern! Kennt ihr mich nicht?

Gl.: Ich weiß nicht so recht. *Zu den Kindern:* Kennt ihr den kleinen Stern? *Zum Stern:* Erzähl uns doch etwas von dir.

Stern: Ich begleite euch doch durch die Adventszeit und zeige euch den Weg bis Weihnachten.

Gl.: Das verstehe ich nicht.

Stern: Ich zeige den Großen und Kleinen doch, was sie tun müssen, damit auf der Erde Weihnachten wird.

Gl.: Was musst du uns denn da zeigen? Wir wissen doch schon, was wir bis Weihnachten noch alles machen müssen. *Zu den Kindern:* Ihr wisst das bestimmt auch schon, oder?

Gl. greift die Antworten der Kinder auf: Geschenke einkaufen, Adventskalender öffnen, Päckchen packen, Weihnachtsbaum kaufen ...

Zum Stern: Du siehst, wir wissen eigentlich schon ganz gut Bescheid!

Stern: Ja, ja, ich weiß! Aber ich möchte euch noch ein paar andere Dinge zeigen. Ihr scheint ja das Wichtigste zu vergessen!

Gl.: Hhm, wenn das so ist! Aber was strahlst du denn plötzlich so hell?

Stern: Ich habe eben schon genauso gestrahlt. Du schaust jetzt nur besser hin!

Gl.: Du meinst, ich sollte mir mehr Zeit nehmen, mich genauer umzuschauen?

Stern: Ja, und dann fällt dir bestimmt auch ein, was in der Adventszeit am Wichtigsten ist. Du sollst in dieser Zeit besonders gut darauf achten, dass auch du für andere Menschen so strahlst wie ich.

Gl.: Tja, wenn ich dich so anschaue, dann erinnert mich dein Strahlen daran, dass ich mal wieder meine Freundin besuchen könnte, die gerne mit mir spielen möchte.

Stern: Jetzt weißt du endlich, was ich meine! *Zu den Kindern:* Vielleicht fällt euch ja auch ein, wie ihr anderen Menschen eine Freude machen und Licht in ihr Leben bringen könnt.

Stern überlegt gemeinsam mit den Kindern: für die Familie Plätzchen backen, Großeltern besuchen, Freunde einladen, ein selbstgemaltes Bild verschenken ...

Gl.: Danke, kleiner Stern, dass du zu uns gekommen bist und uns erklärt hast, wie wir selbst in der Adventszeit zum Licht für andere werden können.

Lied
Ein heller Stern hat in der Nacht (U 20)

Evangelium
Jesus hat seinen Jüngern auch erzählt, dass sie Licht in das Leben der Menschen bringen sollen. Er sagte zu ihnen: Wenn ihr anderen Menschen etwas Gutes tut, dann werdet ihr wie der kleine Stern und leuchtet anderen Menschen. Jesus sprach damals:

„Ihr seid das Licht der Welt. Eine Stadt, die auf einem Berge liegt, kann nicht verborgen bleiben. Man zündet auch nicht ein Licht an und stülpt ein Gefäß darüber, sondern man stellt es auf den Leuchter; dann leuchtet es allen im Haus. So soll euer Licht vor den Menschen leuchten, damit sie eure guten Werke sehen und euren Vater im Himmel preisen."

Mt 5,14–16

Fürbitten
Während der Fürbitten werden die kleinen Sterne an den Himmel geklebt.

Guter Gott, wir kommen zu dir und sagen dir jetzt unsere Gedanken.

- Es ist wichtig, dass wir uns genügend Zeit füreinander nehmen. Wir können zusammen singen und vorlesen.
- Es ist wichtig, dass wir unsere Freunde nicht vergessen. Wir können sie einladen oder besuchen.
- Es macht Spaß, wenn wir anderen Menschen eine Freude machen. Wir können ihnen Plätzchen backen oder ein Bild malen.
- Es ist wichtig, dass wir in der Adventszeit auch an dich, Gott, denken. Wir können zu Hause die Kerzen am Adventskranz anzünden und ganz still werden.

Guter Gott, wir bitten dich um Kraft, diese Dinge zu verwirklichen. Dann werden wir selbst wie die Sterne leuchten. Amen.

Vaterunser

Gebet
Guter Gott,
dein Stern zeigt uns den Weg.
Er leuchtet hell und strahlt im Dunkeln.

Auch wir können wie ein Stern Licht bringen.
Wir bitten dich, uns dabei zu helfen.
Amen.

Segen

Lied
Tragt in die Welt nun ein Licht (U 85)

Lieder

1. Alles muss klein beginnen

Refr.: Al-les muss klein be - gin-nen, lass et-was Zeit ver-

rin - nen. Es muss nur Kraft ge - win-nen

und end - lich ist es groß. 1. Schau nur die-ses

Körn-chen, ach, man sieht es kaum, gleicht bald ei-nem

Gras-halm. Spä-ter wird's ein Baum. Und nach vie-len

Jah - ren, wenn ich Rent-ner bin, spen-det er mir

Schat - ten, singt die Am - sel drin:

2. Schau, die feine Quelle
zwischen Moos und Stein,
sammelt sich im Tale,
um ein Bach zu sein.
Wird zum Fluss anschwellen,
fließt zur Ostsee hin,
braust dort ganz gewaltig,
singt das Fischlein drin:
Refrain

3. Schau, die leichte Flocke,
wie sie tanzt und fliegt,
bis zu einem Ästchen,
das unterm Schnee sich biegt.
Landet da die Flocke,
und durch ihr Gewicht
bricht der Ast herunter,
und der Rabe spricht:
Refrain

Text und Musik: Gerhard Schöne
Alle Rechte beim Autor

2. Dankt dem Herrn für seine Gaben

Text und Musik: Volksgut

3. Dass Gott sich daran freut

Strophe D   em   A

1. Wir klat-schen mit den Hän-den, und al - le klat-schen

D   G

mit. Ja, klatscht mit eu - ren Hän - den und

D A7 D *Refrain* G

singt für Gott ein Lied. Gro - ße Leut',

D A7 D G

klei-ne Leut' sin-gen heut, klat-schen heut. Gro-ße Leut',

D A A7 D

klei - ne Leut', dass Gott sich da - ran freut.

2. Wir stampfen mit den Füßen,
und alle stampfen mit.
Ja, stampft mit euren Füßen,
und singt für Gott ein Lied.
Refrain: Große Leut',
kleine Leut'
singen heut, stampfen heut.
Große Leut',
kleine Leut',
dass Gott sich daran freut.

3. Wir hören mit den Ohren,
und alle hören mit.
Ja, hört mit euren Ohren,
und singt für Gott ein Lied.
Refrain: Große Leut',
kleine Leut'
singen heut, hören heut.
Große Leut',
kleine Leut',
dass Gott sich daran freut.

4. Wir singen heut zusammen,
und alle singen mit.
Ja, singt jetzt mit zusammen
und singt für Gott ein Lied.
Refrain: Große Leut',
kleine Leut',
alle Leut', singen heut.
Große Leut',
kleine Leut',
dass Gott sich daran freut.

5. Wir geben uns die Hände,
und alle machen mit.
Ja, gebt euch jetzt die Hände,
und singt für Gott ein Lied.
Refrain: Große Leut',
kleine Leut',
alle Leut', singen heut.
Große Leut',
kleine Leut',
dass Gott sich daran freut.

6. Wenn wir im Kreis uns drehen,
dann machen alle mit.
Ja, dreht euch jetzt im Kreise
und tanzt für Gott ein Lied.
Refrain: Große Leut',
kleine Leut'
singen heut, tanzen heut.
Große Leut',
kleine Leut',
dass Gott sich daran freut.

Text: Rolf Krenzer
Musik: Detlev Jöcker
Aus: Buch, CD und MC: „Wir kleinen Menschenkinder"
Alle Rechte im Menschenkinder Verlag, 48157 Münster

4. Deine Welt ist voller Wunder

Text: Rolf Krenzer
Musik: Ludger Edelkötter
Aus: Weil du mich so magst
Alle Rechte: KiMu
        Kinder Musik Verlag GmbH, 42555 Velbert

(Zwischen den Kehrversen werden die jeweiligen Texte gesprochen)

1. Du hast alles klug geordnet.
   Herr, mein Gott, du bist so groß!
   Du hast den Himmel und die Erde geschaffen.
   Du schenkst uns die Nacht und den Tag,
   die Sonne, den Mond und die Sterne,
   die Wolken, den Regen und den Wind.

2. Alles, was wir um uns herum sehen,
   hast du geschaffen:
   die kleinen Bäche und die großen Flüsse
   und das Meer,
   die Berge und die Hügel,
   die Wiesen mit ihren Gräsern und Blumen,
   den Wald mit seinen Bäumen.
   Du lässt das Gras wachsen,
   damit das Vieh satt wird;
   du lässt das Getreide wachsen,
   damit wir Menschen zu essen haben.
   Alles, was wir zum Leben brauchen,
   haben wir von dir.

3. Mein ganzes Leben lang
   will ich dem Herrn singen.
   Solange ich atme,
   will ich Gott loben und danken.
   Ich wünsche mir so sehr,
   dass Gott sich über mein Lied,
   über mein Loben und Danken freut.

                  Nach Psalm 104

5. Du gabst mir Augen

Du gabst mir Au-gen, dass ich dich se-hen kann.

Und dei-ne Schöp-fung schau ich stau-nend an.

Du gabst mir Au-gen, dass ich dich se-hen kann.

Und dei-ne Schöp-fung schau ich stau-nend an.

2. Grün sind die Wiesen
und bunte Blumen blühn.
Darüber schaukeln
Schmetterlinge hin.
Du gabst mir Augen,
dass ich dich sehen kann.
Und deine Schöpfung
schau ich staunend an.

3. Im Winde wiegen
sich Ähren auf dem Feld.
Ein gold'nes Leuchten,
schön ist deine Welt.
Du gabst mir Augen,
dass ich dich sehen kann.
Und deine Schöpfung
schau ich staunend an.

4. Wälder und Berge
bis hin zum Himmelsblau.
Vor deiner Schöpfung
steh ich da und schau.
Du gabst mir Augen,
dass ich dich sehen kann.
Und deine Schöpfung
schau ich staunend an.

5. Du gabst mir Augen,
und alles seh ich hier.
Für meine Augen
danke, Gott, ich dir.
Du gabst mir Augen,
dass ich dich sehen kann.
Und deine Schöpfung
schau ich staunend an.

Text: Rolf Krenzer
Musik: Ludger Edelkötter
Aus: Halte zu mir, guter Gott
    Don Bosco Ich schenke dir mein ganzes Leben
    Weil du mich so magst
Alle Rechte: KiMu
        Kinder Musik Verlag GmbH
        42555 Velbert

6. Gib uns Ohren

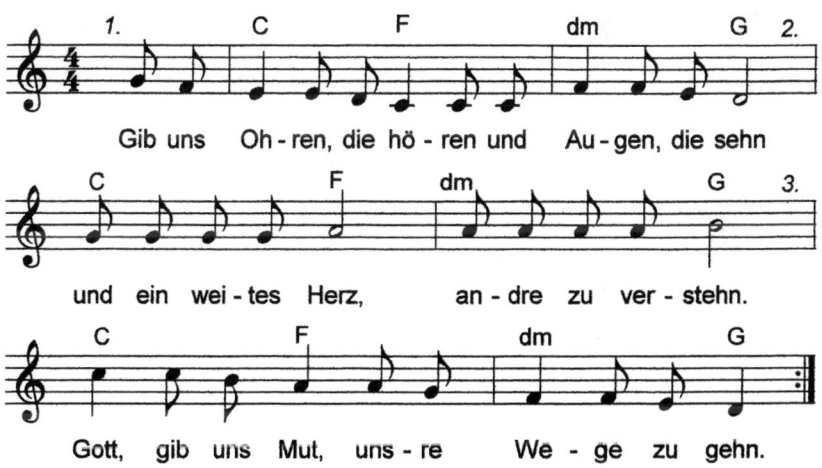

Gib uns Oh-ren, die hö-ren und Au-gen, die sehn

und ein wei-tes Herz, an-dre zu ver-stehn.

Gott, gib uns Mut, uns-re We-ge zu gehn.

Text und Musik: Bernd Schlaudt
Alle Rechte beim Autor

7. Guter Gott, wir feiern heut

1. Gu - ter Gott, wir fei - ern heut'. Al - le freu - en

sich. Fest-lich ist der Tisch ge-deckt. Herr, wir lo-ben

dich, wir lo - ben dich, wir lo - ben dich.

2. Guter Gott, wir feiern heut.
   Alle freuen sich.
   Du lädst uns zum Essen ein.
   Herr, wir loben dich,
   wir loben dich,
   wir loben dich.

3. Guter Gott, wir feiern heut.
   Alle freuen sich.
   Lass uns teilen, was du gibst.
   Herr, wir loben dich,
   wir loben dich,
   wir loben dich.

4. Guter Gott, wir feiern heut.
   Alle freuen sich.
   Jetzt und hier ist Feierzeit.
   Herr, wir loben dich,
   wir loben dich,
   wir loben dich.

Text: Reinhard Bäcker
Musik: Detlev Jöcker
Aus: Buch, CD und MC: „Viele kleine Leute"
Alle Rechte im Menschenkinder Verlag, 48157 Münster

8. Hab keine Angst

1. Hab kei-ne Angst! Es wird dir nichts ge-scheh'n. Ich bin doch im-mer bei dir.__ Das kannst du sel-ber sehn. Komm, ku-schel dich ganz nah an mich, dann kann dir nichts ge-schehn. Denn du hast mich, und ich hab dich. Und dei-ne Angst, die wird schon bald ver - gehn.

2. Hab keine Angst
und hab ein bisschen Mut.
Ich bin doch immer bei dir.
Es wird ja alles gut.
Komm, kuschel dich,
ganz nah an mich,
dann kann dir nichts geschehn.
Denn du hast mich,
und ich hab dich.
Und deine Angst,
die wird schon bald vergehn.

3. Hab keine Angst,
egal, was auch geschieht.
Ich bin doch immer bei dir.
Drum sing doch einfach mit.
Komm, kuschel dich,
ganz nah an mich,
dann kann dir nichts geschehn.
Denn du hast mich,
und ich hab dich.
Und deine Angst,
die wird schon bald vergehn.

4. Hab keine Angst,
   ich bin dir doch so nah.
   Ich bin noch immer bei dir.
   Und Gott ist immer da.
   Komm, kuschel dich,
   ganz nah an mich,
   dann kann dir nichts geschehn.
   Denn du hast mich,
   und ich hab dich.
   Und deine Angst,
   die wird schon bald vergehn.

Text: Rolf Krenzer
Musik: Detlev Jöcker
Aus: Buch, CD und MC: „Wir kleinen Menschenkinder"
Alle Rechte im Menschenkinder Verlag, 48157 Münster

9. Ich schenk dir einen Sonnenstrahl

1. Ich schenk dir ei - nen Son - nen - strahl, da - mit du wie - der lachst und an - dern Leu - ten wie - der mal 'ne klei - ne Freu - de machst. Und an-dern Leu-ten wie-der mal 'ne klei-ne Freu-de machst.

2. Ich schenk dir einen Sonnenstrahl,
dann spürt es jedermann:
Ein Sonnenstrahl steckt tausendmal
die andern alle an.
Ein Sonnenstrahl steckt tausendmal
die andern alle an.

3. Ich schenk dir einen Sonnenstrahl,
damit du daran denkst,
dass du mir einen Sonnenstrahl,
wenn ich ihn brauche, schenkst,
dass du mir einen Sonnenstrahl,
wenn ich ihn brauche, schenkst.

Text: Rolf Krenzer
Musik: Detlev Jöcker
Aus: Buch, CD und MC: „Elefantis Liederwiese"
Alle Rechte im Menschenkinder Verlag, 48157 Münster

10. Immer wieder kommt ein neuer Frühling

Text und Musik: Rolf Zuckowski

© Mit freundlicher Genehmigung MUSIK FÜR DICH Rolf Zuckowski OHG, Hamburg

11. Keiner ist zu klein

2. Keiner ist zu arm, keiner ist zu arm,
   um bei Jesus reich zu sein.

3. Keiner ist zu schwach, keiner ist zu schwach,
   um bei Jesus stark zu sein.

„keiner ist zu klein/zu arm/zu schwach" – *in die Hocke gehen und Kopf schütteln*
„um bei Jesus groß/reich/stark zu sein" – *aufstehen und Arme nach oben recken*
„darum stimm mit ein" – *alle fassen sich an*
„keiner ist zu klein" – *die Arme hoch heben*

Text: Reinhard Feuersträter
Musik: Reinhard Horn
Aus: Buch/CD „Gottes-Kinder-Lieder"
© KONTAKTE Musikverlag, 59557 Lippstadt

12. Singen unterm Regenbogen

1. Sin-gen un-term Re-gen-bo-gen. Sin-gen, das steckt
an. Seht den bun-ten Re-gen-bo-gen,
freut euch mit da - ran. Ich fang an! Du bist dran!
Je-der singt, so laut er kann. Ich fang an!
Du bist dran! Ja, sin-gen, das steckt an.

2. Lachen unterm Regenbogen,
   Lachen, das steckt an.
   Seht den bunten Regenbogen,
   freut euch mit daran!
   Ich fang an!
   Du bist dran!
   Jeder lacht, so laut er kann.
   Ich fang an!
   Du bist dran!
   Ja, Lachen, das steckt an.

124

3. Tanzen unterm Regenbogen,
   Tanzen, das steckt an.
   Seht den bunten Regenbogen,
   freut euch mit daran!
   Ich fang an!
   Du bist dran!
   Jeder tanzt, so gut er kann.
   Ich fang an!
   Du bist dran!
   Ja, Tanzen, das steckt an.

4. Danken unterm Regenbogen,
   weil uns Gott verspricht
   mit dem bunten Regenbogen:
   Er vergisst uns nicht.
   Schaut ihn an!
   Freut euch dran!
   So viel Farben sind zu sehn.
   Schaut ihn an!
   Freut euch dran!
   Er ist so wunderschön!

Text: Rolf Krenzer
Musik: Detlev Jöcker
Aus: Buch, CD und MC: „Viele kleine Leute"
Alle Rechte im Menschenkinder Verlag, 48157 Münster

13. Solange die Sonne steht

So - lan - ge die Son - ne steht und die
Er - de sich dreht, hö - ren nicht
auf Saat und__ Ern - te, Frost und__
Hit - ze, Som - mer und Win - ter, Tag und
Nacht, in ih - rem Lauf, in ih - rem
Lauf, in ih - rem Lauf. So -

Text: Dieter Stork
Musik: Reinhard Horn
Aus: Buch/CD „Gottes-Kinder-Lieder"
© KONTAKTE Musikverlag, 59557 Lippstadt

14. Zu Ostern in Jerusalem

1. Zu Os - tern in Je - ru - sa - lem, da
   ist noch heu - te wun - der - bar, nicht

ist et - was ge - schehn, das
je - der kann's ver -

stehn. Hört, hört, hört, hört, nicht

je - der kann's ver - stehn. stehn.

2. Zu Pfingsten in Jerusalem, da ist etwas geschehn.
   Die Jünger reden ohne Angst und jeder kann's verstehn.
   Hört, hört ... und jeder kann's verstehn.

3. Zu jeder Zeit in jedem Land kann plötzlich was geschehn.
   Die Menschen hören, was Gott will, und können sich verstehn.
   Hört, hört ... und können sich verstehn.

Text: Armin Juhre
Musik: Karl-Wolfgang Wiesenthal 1968
Alle Rechte bei den Autoren